実践 生き残りのディーリング

変わりゆく市場に適応するための100のアプローチ

矢口 新＝著

Pan Rolling

はじめに

投資教育がさかんになってきました。社会人や主婦向けのセミナーや勉強会だけでなく、小中学生を対象としたものも出始めています。私たちの日々の生活に密着している金融や資本市場の役割を、すべての人が正しく理解することは大切なことです。私も、本書がみなさんの金融商品や資本市場に対する理解の一助となり、みなさんが自分自身で相場に親しむようになってくれることを願っています。

私は、個人が相場にたずさわることの究極の目的は、自分の可能性を広げることだと思っています。知識が増え、経験が増え、資金力が増えることは、可能性の拡大につながります。これが、儲けることだけが目的となると、ルールをないがしろにしたり、ルールの範囲ならば何をしてもいいという考え方におちいったりします。そうなると、資金力は増えても、信用されない人となり、かえって自分の可能性をせばめてしまうのです。

※下欄では、本文中の専門用語を中心に、投資家・投機家として知っておきたい用語の解説をしています。基礎知識の確認にもなりますので、ぜひご利用ください

お金は人を幸せにもしますが、不幸せにもします。例えば5万円のディナーを食べるとき、月収が20万円の人と、日収が20万円の人の、どちらがより大きな幸福感を味わえるでしょうか？　5万円のディナーは、1回の食事としては最高級のものに属します。それでも日収の4分の1でしかなく、日常のありきたりの幸福感しか味わえないとすれば、お金はその人の幸せを多少なりとも奪ってしまっています。もちろん、もっと高価なディナーを味わうことは可能ですが、いきつくところは、限りなくゲテモノに近くなっていきます。食事だけではありません。だれかさんのように高級外車を色違えで何台揃えても、また、だれかさんのようにとっかえひっかえ芸能人とデートしても、お金があるために、もっと選択肢が広がったような気がして、「かけがえのない」幸福感からは遠ざかるのです。

お金で幸せになりたいのなら、幸せになる方法で、お金を増やさねばなりません。好きな仕事がお金に結びつくことが一番です。相場でお金を儲けるにも、幸福感の味わえるやり方を見つける必要があります。一発勝負ではなく、長く続けられるやり方をみつけることは、すぐに大金に結びつくことがなくても、自信や満足感につながります。幸せになれる方法なのです。

相場に真正面から向き合い、日々研鑽していると、知識が増え、経験が増え、そ

【相場】市場を利用しようとする実需と、市場を提供することや投機的な売買で利益を得ようとする仮需との出合いの場。リスクの交換場所

れなりに資金力が増えていきます。運が良ければ、大儲けもできます。また、相場はある意味戦いの場ですから、真正面から向き合っていると、先輩、同輩、後輩、あるいは取引先のなかに、戦友とも呼べる、頼りになる仲間ができてきます。これらすべてが、自分の可能性を大きく広げるのです。

本書はもともと、プロのディーラー向けに書いたものです。したがって、項目によっては、一般の人にはピンとこない部分があると思います。その部分は読み飛ばしてください。残りの部分だけでも十分に価値があります。そして、いつの日かベテランになって、プロの考え方や動向に興味がでてきたときに、もう一度読み返してください。新たな発見があることと思います。

1990年出版の本書の「オリジナル」はプロの債券ディーラーであったときに、2001年の「決定版」は為替や債券のプロのディーラーを引退してから、書いています。したがって、取り扱う市場の中心は為替や債券市場です。その後、株式での資産運用やトレーディングを行い、株に関するいくつかの書物も書きました。この『実践 生き残りのディーリング』は、オリジナルや決定版の主旨を保ち、できるだけ元の文章を残していますが、株式をより多く反映するようにしています。ま

【ディーラー】基本的にはトレーダーと同じ。しかし、個人のトレーダーはいるが、ディーラーはプロのみ

た決定版の作成時に、紙面の関係上削られた部分で、重要だと思われるところや愛着のあったところを復活させています。もちろん、新たに書き加えたところもたくさんあります。

オリジナルが多くのディーリンググルームに置かれ、若手ディーラーの座右の書として、必要に応じて読み返されていたことから、本書も、決定版同様、100項目の見出しをつけ、折に触れて読み返すのに便利なようにいたしました。また、一般の人が専門用語をその場で解決できるように、脚注を充実させました。専門用語を一般の言葉にあえて書き換えることをしなかったのは、いつか覚えねばならないことだからです。

だれしも良いときばかりではありません。相場も取ったり取られたりの繰り返しです。うまく行かないときは、しっかりリスクを管理して、しのぐのです。良いときは必ずきます。そのときのために、知識と経験を積み上げ、資産を保っておきましょう。

本書の出版にあたっては、パンローリングの後藤康徳社長、編集の世良敬明氏、両氏の多大なるご協力を得ました。ここに感謝の意を表します。

矢口　新

〈目次〉

第二章　自己資金の性質とそのリスクを理解する 85

第三章　機先を制す 173

第四章　価格変動の本質 259

第五章　見切りと再起　335

第一章　相場とは何か

01 世の不条理が狙い目

相場は不条理への挑戦だといえます。

買われてしかるべきものが、買われずに放置されている。明らかに買われ過ぎなのに、まだまだ値を上げている。相場を構造的に理解して、合理的に相場環境と価格とを比較していると、そういったものが見えてきます。不条理が不条理のままで放置されていることが分かります。ここに収益の源があるのは、言うまでもないでしょう。

相場にはトレンドというものがあります。トレンドとは、モードや音楽などの、はやりすたりと基本的には同じで、時代の流れを反映したものです。あえて単純化するならば、物に対する需要よりも供給がまさると、ディスインフレ傾向が強まり、金利低下のトレンドになります。日本の経常黒字が拡大し、円買い需要が強まると円高トレンドになります。長期投資ではこういったトレンドを押さえることが重要

【ディスインフレ】物の値段に比べて貨幣の価値が上がること。インフレの逆

だといえるでしょう。

しかし、相場はトレンドに沿って一直線にすすむものではありません。価格は波動をともなって動くのです。価格波動は主にディーラーやヘッジファンドなどの投機筋が、ポジションを膨らませたり、閉じたりすることによって起こります。このことは第四章で、より詳しく説明します。

ある市場に入ってきている資金は、ほかのどこでも活用できる資金です。その資金には金利というコストがかかっています。そのコスト以上の利回りで運用されなければロスを出しているに等しいといえます。あるいは、インフレ上昇率以上の利回りが得られなければ目減りします。株式、債券市場の発行体も投資家もすべて自分が取ったリスクのリターンを欲しています。

この、なんとかペイさせたい、儲けたいという究極の目的は同じでも、人によって好むリスクの種類や取り方がさまざまなために、相場が成り立っているといえます。そしてそのリスクとリターンとは、バランスシートのようなもののうえで、常に見合っていると考えます。したがって、リスクのない夢のような儲け話などは存在しないのです。

例えば、割引国債（ゼロクーポン債）を単純に見ると、一見、夢のような儲け話

【割引国債】ゼロクーポン債。金利を受け取る代わりに額面以下の価格で買い、額面で払い戻される国債

でしょう。50で買ったものが、償還時には確実に100になるのです。しかし、割引国債の購入者はインフレリスクをもろに背負い、他の投資物件への機会利益を放棄しています。国債といえどもクレジット（信用）リスクもゼロではありません。すなわち、将来何が起こるか分からないという時間のリスクを取っているのです。夢のような儲け話とは50で買ったものが、その瞬間に100で売れることです。そこには価格変動のリスクはありませんが、しばしば犯罪につながるリスクが存在します。

私たちは価格変動の本質、ポジションの性格などを構造的に理解したうえで、相場環境やほかの商品との比較から見て割安に放置されているものを買い、あるいはどうにも割高になってしまったものを売ればよいのです。

相場とは合理性の追求をするものなのです。

【クレジットリスク】信用リスク。取引相手の破綻などによって損失を被るリスクのこと

02 初めに言葉ありき　―シナリオを立てる―

ため息をどうにもうまく言葉で言い表せないように、相場観や相場感、あるいは相場勘といったようなものも、言葉では言い尽くせない、何か漠然とした感じといったものにその幾分かを負っています。

しかし私たちが考えを構築してゆくうえで、またその考えを他者に伝えるうえで、言葉の役割は不可欠です。「俺の目を見ろ」と力んでみても、相手は自分の都合のいいように誤解するだけでしょう。

よりよく理解してもらうには、やはり言葉での説明がいるのです。さらにはある論理、感情を表現するために選ばれた言葉が、今度はその論理、感情を規定、制限するという作用も忘れてはなりません。口に出してしまったから、その気になることだってあるのです。

相場の世界でも言葉の持つ役割は重要です。言葉によってのみ、構築的な思考が

【相場観】材料や商品間の相対比較によって、今後の相場展開について明確なシナリオを持つこと

約束されています。相場観を組み立てるのに言葉の持つ客観性、論理的な枠組みが欠かせないのです。言葉なしの勘と度胸だけでは、プロであれば顧客や上司など、そのファンド、運用資金の提供者にあたる人々への説明がおぼつかないでしょうし、個人投資家でも自らの相場観を検証することもできません。

重そうだから売る。堅そうだから買う。結果はすべて収益によって現される。P／L（Profit and Loss）がすべてを説明する、と枠がるのもよいでしょう。しかしそれが通用しなくなったとき、彼はわけも分からずに自信喪失し、相場の世界から去らねばなりません。常になぜかを考えること、結果に至った原因を突き詰めること、相場観を持ちそれを結果から反証し続けること、それが経験を生かすということなのです。

相場観を立てたなら、自分のスタイルに合った市場を選ぶことが重要です。日本株や円債などの円物は東京市場、ドル物やドル建ての先物市場はニューヨークやシカゴ市場というように、市場には表市場と、そのほかの裏市場とがあります。

日計り（デイトレード）など相場のアヤを取る鞘抜きは、流動性のある表市場が圧倒的に有利です。レンジ相場での上げ下げは、ディーラーや投機筋のポジション整理によって起きるといえます。彼らは限られた時間内では、最もパワフルなので

【P/L】損失と収益（Profit and Loss）。トレーダーの優劣をはかるモノサシ。「ピーエル」と呼ぶ

【表市場】マザーマーケット。日本株、円債における東京市場やドル物の米国市場など

す。一方、大きなトレンドは、最終需給などディーラーたちの力を超えたところで決定されます。トレンドをおさえれば、裏市場でも十分勝てるのです。年金の資産配分などはトレンドを見て行うので、その見方さえしっかりしていれば勝つことができるでしょう。

　したがって、東京でディーリングを行うならば円物の商品を選ぶ。あえて外物を扱うならばレバレッジを1にするなど、トレンドを重視して価格の振幅に振り回されないようにするなどの対策が必要でしょう。

　失敗した。なぜか。儲からない。なぜか。あくまでも原因を究明し対策を練る。漠然とした感覚を言葉によって具現化し、相場観にまとめ上げる。あくまで合理的、論理的に挑戦し続ける。はじめに言葉ありき。それは相場に向かう姿勢でもあるのです。

【円物】円で取引される金融商品。円建て（えんだて）商品

【ドル物】ドルで取引される金融商品。ドル建て商品

03 見ているものが違う

蜂には紫外線が見えるそうです。彼らは花の蜜を嗅ぎ当てるのではなく、見つけるそうです。花の外から蜜の色が見えるというのです。蜂に見えている世界は私たちが見ている世界とは違うでしょう。ヒトの可視光線、可聴音域を超える生物には同じ世界が違って見え、聞こえるのです。

可聴音域といえば、若い人たちには聞こえるが、年配の人には聞こえなくなっている高音域を扱った、ひとばらい用の騒音製造器や、着信音が若者だけに聞こえる携帯電話が外国で製品化されています。また、年齢とともに視力が減退するのは、だれもが経験するところです。聞こえるものが減り、見えるものが減ることは、ものごとから細部が消え、全体像が把握しやすくなることでもあります。すなわち、ヒトでも若いヒトと、年配のヒトとは、多少なりとも同じ世界が違って見え、聞こえるのです。

私たちは自分の目で見たものは、そのものの真実の姿だと思ってしまいます。しかし対象物は、液体である水が固体（氷）や気体（水蒸気）にもなるように、そのときどきの条件や私たちの識別能力によってさまざまに姿を変えています。同じ物を同時に見るときでさえ、その人の視力などの能力や立場、潜在意識、固定観念、先入観、嗜好などによって見えるものが違ってきます。人はそれぞれに見ているもの、見えているものが違うのです。対象物には私たちが考えるような「たったひとつの真実の姿」などはなく、あなたや私の目にどう映っているかだけなのです。

とはいえ、市場に参加する人たちには共通の目的があります。誰もが安く買って、高く売りたい。輸入企業のドル買いや、輸出企業のドル売りのように片為替、差し引きネットの部分は買いか売りかのどちらか一方しかしない人たちでも、より安く買いたい、より高く売りたいと考えています。逆があるとすれば、それは利益をあえて減らす行為、特別な目的のためだといえます。

だれもが同じ目的で集まっている市場なのですが、割高、割安の感覚は人によって違います。

昨日よりは高くても、今日の安値ならよい。今日の高値でも、昨日よりは安いから、あるいは明日はもっと高くなるだろうからよい。ある価格以下なら利益が確保

【片為替】例えば、日本の輸出企業のように、海外で稼いだ外貨を円に替えるため、ネットでは円買いだけの実需があること

できるので、待つことのリスクを取るよりも今日の価格レンジ内ならいくらでもよい。また情報サービスや注文執行、受け渡し業務の充実などによって、価格そのものは他よりも多少高いのは承知のうえでも、付加サービスに満足して購入する。

見ているものが違うと、はっきりと高安が分かる価格においてすら、人によって高く感じたり、安く感じたりするのです。

ましてや固定レートと変動レートとの金利交換スワップや、元利金が回収できない可能性を問うクレジットリスク、転売するときの効率的な市場を保証する流動性リスクの価格への織り込み方、オプションの価格などは、客観的な目安を使っていながらも主観によって大きな幅があります。

だからこそ、買いたい人ばかりに思われる市場にも必ず売る人がおり、売り一色と呼ばれるような市場にも買い手はいるのです。

私たちが客観的と考えているもの、そんなものは幻影です。私たちは客観視というものの想像はできても、客観視はできないのです。蓼食う虫も好き好き。求めるものや好みが違うと、おのずから与える評価も違ってきます。人はまた、自分が見たいようにしか見ないものなのです。相場は奥が深いといわれるゆえんでしょう。市場は異なった考え方の人々が、同じ目的で集まって機能しているといえます。

【スワップ】一時的な物々交換。一定期間、通貨や変動・固定金利などを交換する取引

04 ゼロというポジション

資産運用、ディーリングを問わず、相場を理解するうえで最も大切なのがポジションの概念です。ポジションには、

ロング（long＝買い持ち＝＋）、
ショート（short＝売り持ち＝－）、
スクウェア（square＝ゼロ＝０）

の三つがあります。ロングは物を持っているポジションなので、だれにでも理解できるでしょうが、物が無いというポジションであるスクウェアや、無い物を売ってしまっているというポジションのショートは、理解しがたい人がいるかもしれません。

【ロング】買い持ち。ロングはいずれ売り戻される

【ショート】売り持ち。ショートはいずれ買い戻される

債券のロングは、債券を買うという単純行為ですから、資金の手当てさえすれば何ら問題はありません。ところがショートの場合は、無い物を売りますので、受け渡しのために現物を借りてきて、それを売るという形をとります。品借りコストは常に頭に入れておかなければなりません。また何らかの事情で借りてくることに失敗すれば、買い手に、売った商品を渡せずに契約不履行となり、罰則金（Overdraft Charge）を支払わされる場合もあります。債券のように現物のあるもの（商品）のショートには、空《から》売りという言葉が使われます。債券の発行量は限られており、品借りのコストもばかにはならないので、債券のショートはロングに比べて、どうしても不利になります。したがって、債券相場の下落を見越してショートポジションを作るときは、債券先物を使うことが多いのです。

株式の売りも基本的には債券と同じですが、相場の下落を見越すときは、S&PやTOPIXなどのインデックスの先物を使い、銘柄ごとの下落を見越すときには、信用取引を利用した品借りによってショートをふることになります。このとき、債券や株式をロングにしている人は、品貸しによって、金利を稼ぐこともできます。

為替の場合は、通貨の交換レートという性質上、ドル円のショートとは円ロング・ドルショート、ドル円のロングとはドルロング・円ショートを意味します。すなわ

【インデックス】指数。市場や業種などの全体的な値動きを表す指標。ナスダック総合指数やTOPIXなど

ち円を買い持ちにしているということは、あるレートで円とドルとを交換した結果ですから、ドルを売り持ちにしていることと同じです。どちらかの通貨は必ずロングになるので、空売りという概念はそぐわなくなります。為替のディーリングとは、交換レートの戦いなのです。

したがって、為替の場合のショートポジションとロングポジションの力関係は、基本的に対等であるといえます。もちろん、高金利通貨（High Yielding Currency）のロングは金利面で有利なわけですが、先渡しレートでは金利差が価格によって調整されますし、債券のように発行高の何割かを買ってショートを絞り上げるなどという芸当は、不可能です。

ポジションは、スクウェアに始まってスクウェアに終わります。売り戻し条件付きの買いポジションをロング、買い戻し条件付きの売りポジションをショートと呼びます。買ってロングになった相場はいつか売られ、売ってショートになった相場は遅かれ早かれ買い戻されるのです。

【先渡しレート】フォワード取引（将来ある時点で通貨を交換すると相対で約束したとき）のレート。先物と違うのは、取引所ではなく、相対で金額、時期を自由に約定し、実際の受渡しを伴う点

05 スクウェアというポジションはない

「スクウェアというポジションはない」という言葉があります。これは、スクウェアというのはポジションではない、という意味ではなく、ゼロというポジションは持たない。いうなれば、いつもロングポジションかショートポジションを持ち、相場を張り続けている、という意味です。常に機会利益を追い求めているというわけなのです。ちなみに「アゲインストというポジションはない」というのは、損切りを早めに行っているので、評価損が膨らんだ状態にいることはないことを意味しています。

ゼロというポジションがないのは、ファンドマネジャーと呼ばれる人たちにとっては当たり前のことです。

例えば、投信委託の運用者が１０００億円という額の運用を任されたなら、彼はその資金を何らかの形で運用せねばなりません。キャッシュ、債券、株式等、組み

【アゲインスト】評価損を抱えた状態

【ファンドマネジャー】投資家から集めたファンドを運用する専門家

入れ比率をどう変化させようと、彼は常に相場を張った状態にいるといえます。ポジションをスクウェアにするためには、その1000億円をファンドの購入者にお返しするしかないでしょう。また委託された資金をキャッシュのままで置いておくということは、どこに投資してもリターンが得られない、すなわち相場の大幅な下落を見越しているためですから、ディーラーがポジション枠いっぱいまでショートを張っている状態に匹敵します。投資していれば、より多くの金利や配当が得られることを考慮すれば、相当に居心地の悪い状態であるに違いありません。ファンドマネジャーにとっての実質的なスクウェアとは、同業者間の平均的なキャッシュポジションでいることなのです。

またインデックスと競いあうファンドでは、インデックスそのままの組み入れ比率がスクウェアといえます。しかし、それでは必然的にインデックスに負けてしまいます。債券ファンドではデュレーションが自然減する（時間の経過によって残存期間が減少し、償還を迎えるものもでる）ためでもありますが、少なくともファンドが受け取るフィーの部分は、インデックス以上に稼がねばならないのです。フィーが1％ならば、インデックスよりも1％高い利回りを上げなければ、インデックス並のリターンを顧客には渡せません。要するに、インデックスファンドは必ずイン

【キャッシュ】現金に限らず、すぐに現金化できる価格変動のほとんどない短期金利もの

【キャッシュポジション】ポートフォリオに占めるキャッシュの比率

デックスを下回るか、インデックスを逸脱するリスクを負っているかのどちらかだといえます。つまり、フィーの高いインデックスファンドは、単にフィーが高いだけか、より大きな逸脱リスクを負うだけですから、フィーの安いところを選ぶのが賢明なのです。

ディーラーでも株式や債券の担当者は、その商品の性質上、加えて商品勘定、在庫管理という意識があるために、ほとんど常にロングポジションを持っています。またマーケットメーカーとしての彼らは、顧客の売買動向によって、絶えず自己のポジションが変化しますので、実質的にスクウェアのままでいる時間というのは限られています。

したがって「スクウェアというポジションはない」という言葉は、スクウェアというポジションを持つことが許されるディーラーが、相場を張ることに消極的になりがちなときに、自らを戒めて機会利益を追求してゆく場合に使われます。

【インデックスファンド】インデックスの構成銘柄をそのまま組み入れているファンド

06 小さな資金でも相場は動く

一般に誰がどう考えても理屈に合わないというようなことは長続きしません。大きな仕掛けや仕手戦がときに成功するかのように見えるのは、そこには曲がりなりにも人を納得させ得るだけの理屈があるからです。そうでない場合には、どんな大仕掛けでも成功はおぼつかないといえます。

Ａの仕掛けで相場が上がったのではなく、Ａの仕掛けをきっかけとして上がったと考えるべきです。そういうときの相場は単に上がる材料を欲していたにすぎません。仮にＡが買わねば、Ｂ、Ｃが買っていたというだけの話なのです。合理性に裏付けられていれば、必ずしも大きな資金でなくとも相場を動かせるのです。

例えば、信用取引の買い残高が異常に膨れ上がっているようなときには、売りで攻めることの勝算が高まっています。皆で盛り上がって買い続けてきた相場の上値が重くなり、高値を更新できなくなってきた。そのようなときの売り仕掛けは、少

【信用取引】マージントレード。証券会社が顧客に信用を供与して行う株式の売買のこと。顧客が「委託保証金」と呼ばれる一定の担保を入れて、証券会社から株券や資金を借りて株式売買をする

額の資金でも成功するのです。なぜなら、ある一定幅の値下がりは信用取引による投げを伴うからです。すなわちある一定幅だけ相場を押し下げてやれば、多くの人が追い証を払えなくなり、あとは投げにつぐ投げで相場は急落します。

ここに１００人の投資家がいて、80しか商品がない場合を想定してみましょう。当初、その商品が金融商品としての魅力を保っている、すなわち割安である間は、その価格は着実に上昇します。最初に買った人が利食いで売っても、新たな買い手はすぐに現れるでしょう。買われ続けて、ほかの商品や相場環境と比べて割高となってしまったあとは、今度は価格上昇期待のみで上昇します。買って儲けた人ばかりなので、買いが買いを呼ぶのです。仮にここで投資家の数が１２０人に増え、何らかの事情で商品が60に減ってしまうような事態にでも至れば、なおさらでしょう。

しかし、ほかの商品に比べて割高になってしまったということは、その商品を買い、保有することにコストがかかり始めているということです。資金の貸し手（株式や債券の購入者）が、発行体が倒産するかもしれないというクレジットリスクを負いながら、借り手の金利負担の肩代わりをしてやっているような、非常に不自然な状態が出現してしまっています。

ところが価格上昇期待の魅力は、多少のコスト負担などを考える冷静さを投資家

【投げる】買い持ちが含み損に耐え切れず売り戻すこと

から奪ってしまうのが常です。乗り遅れまい、買い損ねまいと焦りだすのです。とはいえ、人が買える量には、基本的に限りがあります。資金が尽きたなら終わりで、それ以上に価格を押し上げる力も消え失せます。ここで信用創造をすると、買える量はリスクとともに増大し、価格を押し上げる力も回復します。

さらなる価格の上昇は、他商品との割高感をさらに増すだけでなく、さらなるコストの増加を意味します。このような状態が続くと、その相場には新規の参入者が入れないばかりではなく、体力のない投資家から順に脱落してゆきます。脱落者が出始めてもかまわずに買い続けると、脱落者のコストをも引き受けることになります。

そして価格上昇の魔力が消え失せたとき、その商品がたとえ50に減っていようが、ただの割高商品に成り下がり、相場は下落し始めます。そのときに信用残が大きければ急落となるのです。

【信用残】信用取引の未決済の数量

07

混沌のなかに秩序を探る

新聞などの株価欄を見ても分かりますが、価格はただ漫然と見ているだけでは、単なる数字の羅列にすぎません。前日の価格、年初来の高安値、上場来の高安値などを知ってはじめて、高くなった安くなったなどと、目の前の価格の位置が分かるのです。

価格は経済のファンダメンタルズや国際情勢、気象の変化などといった、諸々のものをすべて反映しています。したがって、相場は、今現在の世の中を映している「鏡のようなもの」、という見方もできます。世のすべてを映しているのですから、本質的に混沌としたものなのです。私たちはその混沌としたものの、過去から現在に至る変化のなかに、何らかの法則性がないものかと探りを入れます。

ここでチャートを拡げると、一目でその価格の位置が分かります。チャートとは、混沌とした毎日の値動きを記録して、グラフ化したものです。もっとも基本的なバー

【ファンダメンタルズ】 経済の基礎的な条件。成長率、インフレ率、失業率、経常収支など

チャートやローソク足は、日々の４本値（寄値、高値、安値、終値）を棒状やローソク状に描いたものです。１日の値動きを日足、１週間の値動きを週足と呼び、オンラインのスクリーン上でも、分足や月足など、任意の時間枠で作成することができます。

チャートでは横軸が時間なので、グラフを左から右にたどると、過去から現在への価格の推移が見てとれます。その延長線上に、未来へとつながる流れが読めるのです。

チャートの一番簡単な利用法は、今日の終値から１本の横線を引くことです。それだけで、今の価格が過去と比べて高いか安いかを知ることができます。また、ある期間を定めて、期間内の安値が切り上げてきていたなら上昇トレンド、高値が切り下げてきていたなら下降トレンドだと分かります。切り上がる安値と切り下がる高値とに挟まれていたなら、三角保合《もちあい》などと呼ばれ、トレンドを模索している相場です。安値更新のあとに、高値更新を繰り返すような相場は、ボラティリティだけがあって、トレンドのない拡散相場です。

さらに、私たちはさまざまなテクニカル分析を通じて、価格と時間の関係のなかに売られ過ぎ、買われ過ぎの状態を見たり、あえて時間の概念を抜き去ったなかに

【ボラティリティ】価格の振幅。価格やレートの予測変動率

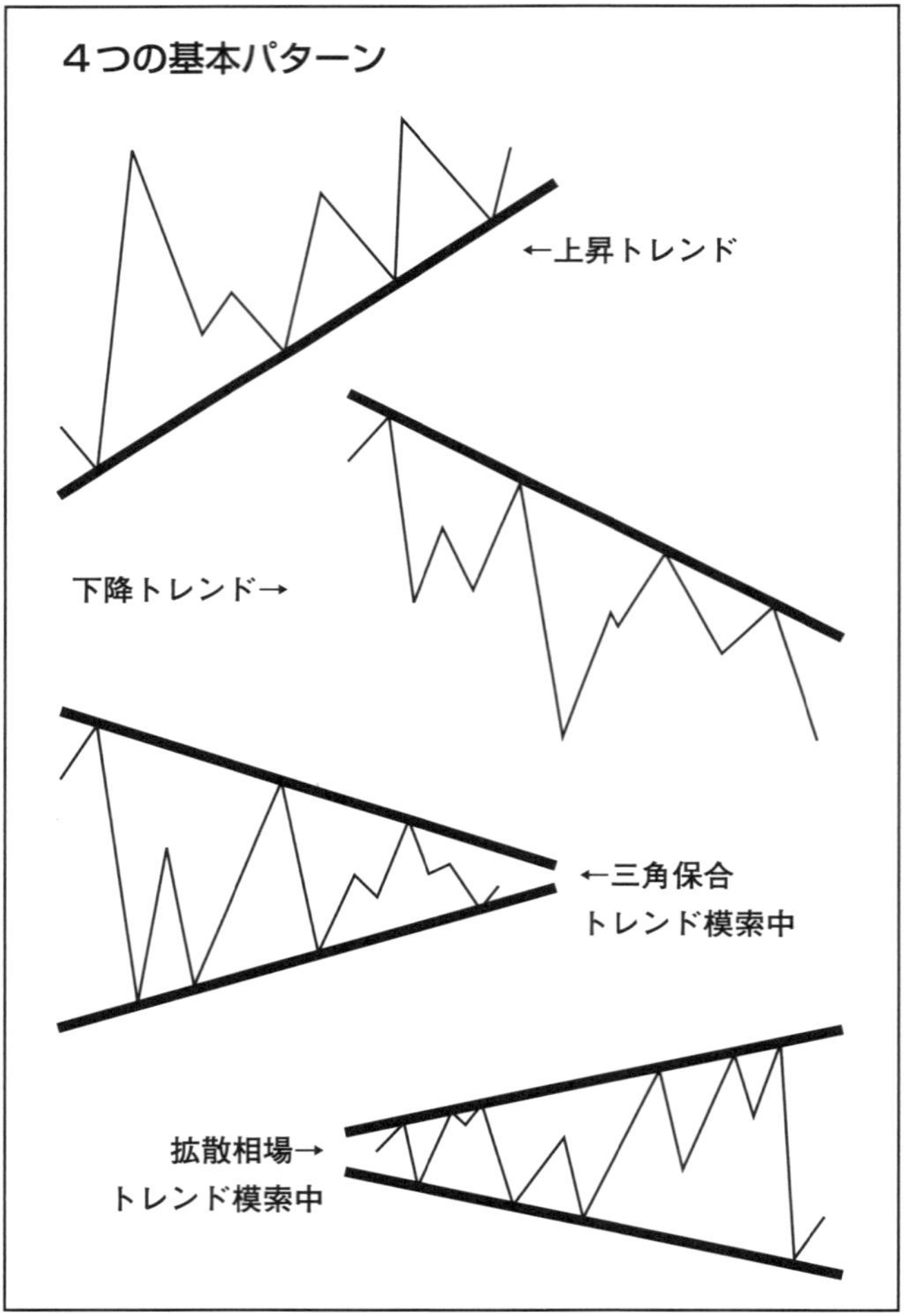
4つの基本パターン
←上昇トレンド
下降トレンド→
←三角保合
トレンド模索中
拡散相場→
トレンド模索中

価格の方向性を探ろうとしたりするのです。

世の中のすべてのことが、トレンドに反映されています。相場は、一見混沌としたつかみ所がないもののなかに、何らかの秩序を見いだすことによって、未来の動きを予測するものです。価格変動のパターンは生き物のようにその都度変化しますが、ポジションの質や量を分析してゆくと、だいたいの流れは見えてきます。

例えば、円の行く末を知るには、経常黒字に現れている膨大な円買い需要を、誰がどのように埋めてゆくのかが最大のポイントとなります。株式では、資金の調達、運用といった需給バランスを、どのような形で調整しているか知ることが重要です。売り切り買い切り、持ち切りなどのような、長期保有のポジションがトレンドをつくるからです。

【トレンド】価格の方向性。価格に方向性があり、その状況がしばらく継続すること（例：上昇トレンド＝右肩上がりのトレンド、下降トレンド＝右肩下がりのトレンド）

08

チャートの秘密

時折、商品相場などのチャートを目にして驚くことがあります。

「え？　この商品値上がりしていたんだ」

自分の記憶では、長年下げ続けている商品なのです。眼鏡をかけ直してよく見ると過去数カ月のチャートでした。これで見ると確かに反発しています。もう底入れしたのでしょうか？　買い時なのでしょうか？

チャートとは便利な代物です。過去の値動きを忠実に記録していながら、扱い方で見るものに全く違った印象を与え得るのです。

相場はつねに期待を買い、買い過ぎては調整し、調整をトレンドの反転と誤解して売り過ぎ、売り過ぎては調整します。ファンダメンタルズに裏付けされた、底値切り上がり型のしっかりとした上昇トレンドの相場でさえ、このような価格波動を伴います。同様にどんな下降トレンドにも多少の反発はあり、その部分だけを抜き

【調整】長期的な相場のトレンドとは逆方向の短期的な値動き。ポジションの調整

出すと上げ相場に見えるのです。したがって短い期間のチャートだけで、その相場のトレンドを語ることはできません。

スクリーンなどにあらかじめセットされているチャートはだいたい1年以内の値動きをカバーしています。株式のチャートの本なども通常、過去半年余りの値動きを載せています。一方、債券の指標銘柄のチャートは、新しい指標銘柄がでるたびに更新されてしまう宿命にあります。更新されないと今は9年債となった昨年の10年債、5年債となってしまった5年前の10年債のチャートを、いつまでも10年債として扱わねばならないのです。シカゴなどの先物のチャートは期近物に近付くまでは信頼に足る値動きを示しませんので、3カ月、半年以内の値動きしか見ないようになります。このように私たちがチャートを見るとき、その値動きは1年以内のものである場合が多いのです。

ではチャートの一部分だけを抜き出し、売り買いを勧める新聞などの広告には嘘があるのでしょうか？

一言で答えるならば、嘘でも真実でもありません。それこそが相場観なのです。相場観とはありとあらゆる情報、材料をもとに組み立ててゆきます。ところが情報、材料そのものは基本的には相場に中立です。明らかな買い材料でも、それが一時的

【期近物】通常、先物やオプション取引は限月制をとっており、最終決済の月（限月）が複数ある。その限月のなかで取引最終日がもっとも現在に近いものをいう

な材料でなく、その商品の本質に関わる重要な材料であればあるほど、すでに価格に織り込まれていると考えてよいでしょう。その材料があるゆえに、この価格なのです。すなわち、すべての本質的な材料は現在ある価格には中立であるといえます。いや、買われ過ぎている。まだまだいける。類似の商品はもっと買われている、といった材料と現在価格、他の商品との相対比較が相場観なのです。

数カ月間だけ見たチャートでは前の高値を上抜けたので、買わねばならないように見える。1年で見るとちょうど半値戻しである。もっと長いチャートを見れば上値抵抗線に届きそうである。ここではむしろ売り物が予想される。こういった場所はひとつの節目といえるでしょう。

より客観的に相場をとらえるには、一材料に目がくらむよりも、できるだけ多くの材料を検討すべきでしょう。チャートは過去の値動きを検証するものですから、期間をできるだけ長くとり、多くのテクニカル分析に親しむほうがよいといえます。

私は相場ではものごとをできるだけ客観的に捉えたほうが、勝率が高まると考えています。しかし、ある材料が別の材料よりも重要であるという判断や、あるテクニカル分析での示唆が別の示唆よりも重要であるという判断は主観で下しています。何のことはない、これも相場観なのです。

【(上値)抵抗線】現在よりも高い値段(上値)で、この線が示す水準にさしかかると、売り圧力がかかり、反落に転じると考えられる線。レジスタンスライン

09 ポジションを読むということ

弱気の材料でショートをふる。市場にショートポジションが膨らんできたところに大きな買い物が入り、ショートが踏み上げさせられて値を飛ばす。やられのひとつのパターンです。

このショートポジションとは、買い戻す必要のある「売り持ち」のことを指します。したがってショートポジションが膨らむと、彼らの意に反して市場は上昇要因を持つのです。市場は弱気なのですが、買い戻す必要のある人ばかりがいるのです。

一方、もともと商品を持っている人が売り物をだした、いわば「売り切り」に対しては、買わされた者にロングポジションが発生するのみで、ショートポジションとはなりません。そのロングはいずれ投げねばならないのです。市場は下落要因を持つといえます。

比較的長く持てるポジションを根っこのポジションと呼びます。外為のマネ

【踏み上げ】売り持ちが含み損に耐え切れず買い戻すことで、相場が上昇すること

ジャーポジションや、銀行のポートフォリオと呼ばれるポジションがこれに当たります。ファンドマネジャーのポジションもこれに分類できるでしょう。ロング、ショート、それぞれ根っこのロング、根っこのショートと呼びます。通常以上に大きくなったファンドマネジャーのキャッシュポジションは、レベル次第ではいずれ買いにくるという意味で、根っこのショートに匹敵します。根っこのポジションもいずれは反対方向に閉じられてしまいますが、目先は意地でも持った方向に行かせようとするポジションなので、侮れません。動くまでは持ち続けるという輩もいるのです。

第四章で、より詳しく説明しますが、ここでは「相場での力関係はポジションの大きさと保有期間の長さで決まる」、と覚えておいてください。どのようなデリバティブや数学を駆使して使おうと、勝つためにはポジションを持たねばなりません。そして本気や気力などというものも、すべてポジションの大きさや保有期間の長さに置き換えられるのです。ここで踏ん張るなどということも、つまりはもう少し長くポジションを持つことです。また、逆襲というのはポジションを大きくすることなのです。

日計りディーラー（デイトレーダー）などのショートポジションは、売られた瞬

【マネジャーズ・ポジション】資金運用室の責任者などが扱う、ポジションテイキングの勘定

間から市場に上昇要因を内在させるという、一見矛盾した効果を持ちます。こういったショートポジションは膨れれば膨れるだけ、近い将来の反発の大きさを暗示しています。債券市場でのレポレートが低いときはディーラー間の品借りコストが高まっていることを意味しており、ディーラーのショートポジションの大きさを表しています。ディーラーたちは何らかの理由や思惑があって、高いコストを払ってまでもショートポジションを保有しているのですが、こういうときの相場は下値が堅くなりがちです。すなわちコストに見合う時点ではディーラーたちのショートカバーが予想され、その結果サポートとして作用するのです。

日々の相場を動かしているのはポジションであるといえます。ポジションはある一定期間何らかの材料のもとに膨らんだあとは、スクウェア（ゼロ）の方向に収縮していくことになります。その一定期間が長いと冷静な人ですら混乱してしまいますが、膨らんだポジションは必ず閉じられるのです。目先の相場を読むとは、市場のポジションを読むことです。最近の相場がどのレベルから始まっているのか。ポジションは膨らみつつあるのか、閉じる方向にあるのか。ポジションを扱っている連中のコストがどこにあるのか。これらを読むことを「相場を読む」といいます。

このとき、相場参加者のなかで実需など売り切り買い切りで、時間がたてば閉じる

【レポレート】債券の借り手は、現金を担保にして借入れた債券にかかる貸借料を支払う。一方、債券の貸し手（担保金の受け手）は、担保金にかかる金利を支払う。その差額（金利－貸借料）をレポレート（日本版）と呼んでいる

ようなポジションを扱ってない連中の存在に注目することは大変重要です。

例えば、A銀行がB銀行から1ドル100円で1000万ドル買うとします。A銀行は1000万ドルのロング。B銀行は1000万ドルのショート。お互いにカバー取引を行わなければレートは動きません。ここで輸入企業がA銀行から1500万ドル買っていったとしましょう。輸入企業は輸入品への支払いにそのドルを充てるので、ロングポジションとはなりません。A銀行は500万ドルのネットショート。B銀行は1000万ドルのショートポジションのままです。A銀行、B銀行どちらもショートで、市場全体としてショートポジションがたまった状態となっています。

このとき市場に、ドルのショートポジションを持ち続ける理由がとくに見いだせないときは、ショートカバーが入りドル円レートは上昇することになります。A、B両銀行がC銀行からドルを買い戻せば、彼らにドルを売ったC銀行も1500万ドルのショートポジションをカバーせざるを得ず、市場には常にショートポジションが残った状態で、ドル円レートは時間とともに際限なく上昇してゆくことでしょう。

実際の相場では売り材料がでたり、投機家など値ごろ感や思惑でショートポジ

【ドル円レートは上昇】ドル高・円安に向かうこと

ションを好んで取る連中が大勢いたりするために、一時的に反落する場合もあります。しかし市場にショートポジションが存在するかぎり、遅かれ早かれカバーされてドル円レートは上昇します。この場合に根本的にレートの上昇を止め得るのは、ショートポジションとはならないドル売り、例えば、輸出企業のドル売りなのです。輸入のドル買いに対する輸出のドル売り、ここに貿易収支の重みがあります。

債券では償還までの持ち切りがポジションを吸収した状態をつくります。株式では持ち合いが根っこのところで相場を支えてきました。バブルの崩壊後の株式市場は、持ち合いの解消による売り圧力で長年下げ続けました。債券の持ち切りや、株式の持ち合いは、目先のキャピタルゲインを狙ったものではありませんから、実需だといえます。その実需が市場内部のポジションを変化させ、トレンドに結びつくのです。

このように、市場内部のポジションは実需を分析することから類推できるのです。

【キャピタルゲイン】売買益。安く買ったものを高く売る、あるいは高く売ったものを安く買い戻して得た利益。キャピタルロスは売買損

10 需給が教えてくれるもの ―ネットで計る―

需給とは、その商品あるいは通貨に対する需要であり供給です。価格の鞘抜き狙いの投機筋の売買は、本来の需給には含まれないのです。彼らは買ったものは必ず売り、売ったものは買い戻します。その物に対する需要もなければ供給もできません。売り買い両建ての取扱高の大きさにごまかされてはいけません。どんな売り買いも差し引きネットアウトしなければ方向感がつかめませんが、その方向感のある部分でさえ必ず反対売買されます。すなわち、投機筋が市場価格に影響を持ち得るのは、彼らがロングかショートのネットポジションを保有している限定的な期間内だけといえます。トレンドと呼べる長期的なものには関与しません。彼らが供給しているのは流動性なのです。

ある日、100単位の出合《であい》があったとします。つまり出来高が100と考えてください。ここで、ポジションの保有期間という観点から売り手、買い手を詳しく分

【ネットアウト】売り買いを差し引くこと。10買って8売ればネットでは2のロングになる

析してみましょう。

　この100の売り手のうち10は株式の持ち合い解消や輸出企業のドル売りのように、けっして買い戻さない売りでした。50は1カ月間売り持ちを保有します。残り40が日計りの売りとします。

　一方、100の買い手は、うち20が3カ月間買い持ちを保有します。50が1週間買い持ちを保有します。残り30が日計りの買いだとしましょう。

　ポジションを長く保有するということは、市場からその期間その分のポジションが消され、バランスをとるための圧力がかかることを意味します。この例では、その日の終わりに残っているのは、日計りを除いた60の売り圧力と、70の買い圧力。その後の市場は差し引き10の不足となり、価格は上昇圧力を受けます。

　1週間後には50の買い持ちが閉じられます。残りの市場には、売り圧力が60のまま、買い圧力が20に減少し、都合40の余剰となります。価格は大きく下落方向に圧力を受けます。

　1カ月後に売り持ちの50が閉じられます。市場には売り圧力10と、買い圧力20が残ります。その結果、10の不足となり再び価格は上昇圧力を得るのです。

　そして3カ月後に買い持ちの20が閉じられたあとは、売り切りの10の余剰だけが

【持ち合い】企業同士が株式を保有しあって、お互いの安定株主になること

【持ち合いの解消】投資効率の観点から持ち合っていた株式を売却すること

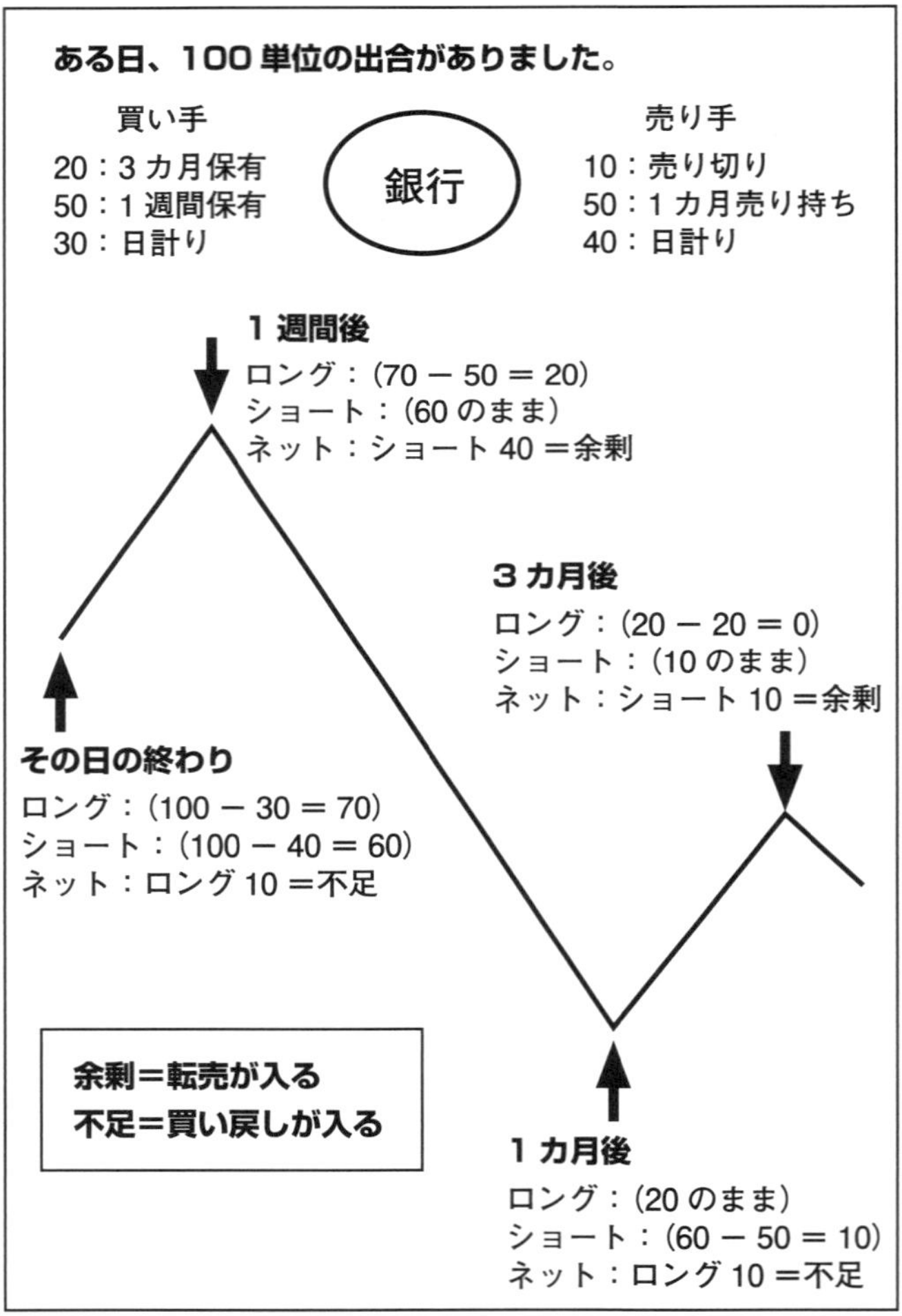
ある日、100 単位の出合がありました。
買い手
20：3 カ月保有
50：1 週間保有
30：日計り
銀行
売り手
10：売り切り
50：1 カ月売り持ち
40：日計り
1 週間後
ロング：(70 − 50 ＝ 20)
ショート：(60 のまま)
ネット：ショート 40 ＝余剰
3 カ月後
ロング：(20 − 20 ＝ 0)
ショート：(10 のまま)
ネット：ショート 10 ＝余剰
その日の終わり
ロング：(100 − 30 ＝ 70)
ショート：(100 − 40 ＝ 60)
ネット：ロング 10 ＝不足
余剰＝転売が入る
不足＝買い戻しが入る
1 カ月後
ロング：(20 のまま)
ショート：(60 − 50 ＝ 10)
ネット：ロング 10 ＝不足

市場に残りますので、価格にはいつまでも下落する圧力が残ります。

このように、ある日1日の需給を分析するだけでも、その後3カ月の価格波動のパターンと、その後のトレンドが占えます。もちろん、市場はその日1日だけではありません。翌日もその翌日も同様の出合があり、右に左に圧力を受け続けます。しかし任意の1日といえどもそのときの経済の実状、相場環境から遊離した1日ではあり得ません。たった1日の需給でさえ細かく分析すれば、相場の先行きについて何かを語ってくれるのです。

需給はネットで計ります。輸出の売りには輸入の買いというふうに、似たようなポジションの保有期間を有する売り買いを相殺してゆきます。これにはマクロ経済の収支表が大いに使えるでしょう。すなわち個々の売り手、買い手を探し出し、売り買いの動意を尋ねなくとも、大体の需給は公のマクロの数字で掴めるのです。投資資金でも、総資産額とそれに占める株式投資や債券投資の割合、増加資産の量、投資環境、投資姿勢などを考慮してゆくと、そこでの需給の大筋は掴めます。そして実際の売り買いを目にしたときに、自分の需給予測が的外れでないかを確認すればよいのです。

【マクロ経済の収支表】経常収支、貿易収支、資本収支など

11

相場はギャンブルではない

例えば、二人の投機家が売り手と買い手とに分かれて勝負をするとします。この場合には気力や忍耐力に勝ったほうが勝ちます。

具体的には、ポジションを長く保有したほうが勝つのです。相手の投げや踏みを誘うように、さまざまな材料を提供し、自分の間合いに引き込んで揺さぶりをかけます。相手も同様に揺さぶりをかけてくるでしょう。どちらかが自信ありげにポジションを膨らませば、相対であるもう一人も膨らまさざるを得ません。このときポジションが増えることも厭わない、儲けるまでは絶対に動かないと決め込めば、損は出ません。不安になったほうが先にポジションを閉じ、負けるのです。閉じたいのが自分であれば、相手の言い値で閉じるしかありません。

この場合の相手とは、自分と同じ投機家でした。ではここで、石油元売り会社のドル買いに売り向かった投機家の場合を考えてみましょう。

投機家は、石油会社が買ったドルの投げを待ち続けます。このとき石油会社の買ったドルは、すでに石油メジャーや産油国に支払われており、石油会社はもうドルのロングポジションを持っていません。翌日も石油会社のドル買いに対し、投機家は自分のショートポジションを膨らませて売り向かいました。しかしどんなに待っても、石油会社からのドルの投げは出てきません。当り前でしょう。投げるロングポジションなど初めからないのです。この場合の投機家の相手は、目の前の石油会社ではなく、石油会社が背にした実体経済なのです。

ここが相場とギャンブルとの相違点です。倍々と賭け続ければ、すなわち買い続ければ、なんぴんすれば勝てるというような相手ではないのです（※丁半、赤黒など、二者択一に賭けるものでは、負けても同一方向に倍額を賭け続ければ、勝てなくとも負けることがありません）。

するどい人はここで「おやっ」と思うかもしれません。実体経済が相手だとポジションを長く持った投機家が負けるではないか。

私は、ポジションの保有期間の長さが価格変動の本質だと言っています。長く保有するほど強いのです。保有期間とは買ってから売るまで、または売ってから買い戻すまでです。石油会社はドルを買ったが売り戻さない。すなわち、永遠に保有し

【なんぴん】買いの場合、相場が値下がりしたものの損切りせず、むしろ買い増して平均買いコストを下げること

ている状態なのです。

保有という表現は誤解を生むかもしれません。より正確には、彼が買ったドルはドルの経済圏のなかに吸い込まれ、市場には買われた後のショートポジションだけを残すのです。私はこういった買い切り、売り切りを、「永遠のポジション」と呼んでいます。

12

50％の確率でしかないのか

相場での勝ち負けは50％の確率だという人がいます。オプションの計算式に用いられるように、サイコロで奇数か偶数かを問うのと同じような意味合いで、相場が上がるのか下がるのかを問題とするならば、五分五分の確率である、ということもできるでしょう。「ランダム・ウォーク理論」などもこういった考えを支持しています。

私自身も自分を戒める意味で、相場観など五分五分の確率でしか当たらない、と言っています。しかし、一投資家にとっての勝ち負けの確率は、けっして50％ではありません。

株式や債券は商品そのものが買い手有利にできています。買うには資金さえあればこと足りますが、売るために商品を一時的に借りてくる品借りは、物があってもコストがかかりますし、株式には「アップティック（値を上げている）のときにし

【ランダム・ウォーク理論】「相場の先行きは予測不可能であり、均せば上げ下げの確率は同じ」という考え方

か空売りができない」という規制がある市場もあります。また、先物を売ることは、必ずしも現物と同じ効果を持ち得ないのです。

まず、買いからしか入れない投資家。ポートフォリオマネジャーの多くが抱えている問題点です。彼らは預かったお金を運用するという使命を持っているために、まずは物を買うという行為から始めます。キャッシュポジションが100%以上という状況は、運用資産を抱えての投資という性質を勘案すればあり得ません。すなわち投資家は上げ相場には強いのですが、下げ相場ではキャッシュ比率を上げる、またはヘッジ率を高めること以外に打つ手がありません。デュレーションをゼロに近づけマーケットリスクを最小にするしかないのです。

また、プロにはさまざまなポジションの規制があります。通常ポジションは大きいほうが市場へのインパクトもあり自由も利くので有利なのですが、大きすぎても売買の自由に支障をきたします。特殊なほどの量は十分な流動性を確保できないのです。大手機関投資家がその資産のコアの部分を投資できる市場は限られています。またそういった市場でさえ、彼らが一度に売買できる量は限られているといえます。

ポジションの量の大小よりもさらに重要なのが、ポジションの保有期間です。日計りのポジションはその日のうちに閉じなければなりません。下手に大きなポジ

【デュレーション】金利の変化に対する債券価格の感応度。これが長いと価格の変化が大きい

ションを張ると他の市場参加者に利用され踏まされたり、投げさせられたりするのです。弱点を敵に知られると不利なのは、どの勝負の世界でも同じでしょう。がんじがらめにポジションを規制されている者と、全く自由な者とが勝負すれば、どちらに分があるかは明白だといえます。

バックオフィス、サポートシステム、情報の量、人的なつながりでも差がでます。What you know よりも Who you knowが重要ということもあります。さらに重要なのが経験です。また、個人や法人の顧客は、ファンドや保険を買ったり、株式投資や為替の手当など市場を利用することで手数料を市場に落としています。これはプロの収益のパイとなっています。このように個人投資家は、ゴルフなどとは逆で、プロに比べてハンディを背負った状態で相場を行っているといってよいでしょう。

自分の相場観は当たるも八卦、外れるも八卦の五分五分の確率と謙虚でいるほうがよいと思います。相場という世界は、負けた者のパイを勝った者で分配していく、生き残りゲームです。したがって相場に臨むには、不利な条件をひとつずつ潰してから入るべきでしょう。

勝つ確率を1％でも多く、自分のほうに引き寄せる努力が必要なのです。負けてから悔しがっても、後の祭りというものです。

【バックオフィス】トレーダーやセールスのいるフロントに対する事務方。サポート部門

13
投機筋にできること

かつてのポンド危機、アジア通貨危機などの原因に、有名ヘッジファンドをはじめとした、投機筋の行動を挙げる風潮がありました。しかしそれらは、魔女狩りの類と思っていてください。

どの場合も彼らは、むしろ当局に協力する形でそれらの通貨を保有していました。価格の下落リスクなしに、高金利を享受できたからです。「当局がついているから」と、投機筋はどんどんポジションを膨らませ、大儲けできていました。しかし経済の実態にそぐわない無理な規制は、当局と投機筋とが協力してかかっても、ダムが決壊するように崩れるときがきます。支え

【ポンド危機】90年代初め、欧州諸国はユーロ統合へ向けて、EMSと呼ばれる域内通貨交換システムを採用していた。EMSでは通貨の変動幅が制限されていたが、金利には大きな幅があった。

そこでジョージ・ソロスに代表される投機筋は、価格の下落リスクなしに金利差が享受できると、低金利通貨調達、高金利通貨運用のキャリートレード（独マルクキャリー、英ポンド運用がもっともポピュラー）を行った。結果として、92年に入り英ポンドは制限幅を超えて値上がり、英国銀行は英ポンド売りのオペレーションを強いられた。

しかし9月になって、英ポンドの買い過ぎを感じた投機筋は、一斉にマルクキャリーの巻き戻しを始めた。しかもソロスなどは巻き戻しに終わらず、英ポンドを売り浴びせた。その結果、逆に英ポンドは制限幅を超えて値下がりしたのである。

英国銀行は英ポンド買いのオペレーションを強いられたが、買い支えることができず、EMSを放棄、英ポンドを完全変動相場制に戻した。

現在も英ポンドはユーロから独立している

きれず規制の限界を感じ取ったとき、投機筋は逃げたのです。

たとえると、皆でやっと支えているような重い神輿、しかも（雪でも降り積もるように）日ごとに重くなる神輿の担ぎ手が、耐えきれなくなって「一抜けた」とやったようなものです。それまで儲けさせてはもらったものの、いつまでも付き合ってなどいられません。そのうえ最重量級の有名ファンドなどは、一抜けただけでは収まりきらずに、神輿の上に駆け上がったのです。それを見たほかの投機筋も、わが身かわいさに一斉に駆け上がりました。当局ひとりが神輿の下で潰されたのが実状です。

しかし逃げるときに多めに売って、売りでも儲けようとしたことを責めることはできません。狼に羊の番をさせておいて、羊を食ったと責めても始まらないのと同じなのです。そもそも規制がなければ投機筋に収益チャンスもなく、それほど大きなポジションも張れなかったのですから。当局が彼らを太らせてきた、という見方もできます。

投機筋と当局とはこのように、持ちつ持たれつの関係にあります。しかし、買ったものは必ず売り、売ったものは買い戻すしかない投機筋にトレンドは作れないのです。長期的にはネット売買ゼロの投機筋をあてにして、当局が自然な資金の流れ

【アジア通貨危機】95年4月に対主要通貨で大底をつけた米ドルは急反発を始めた。米ドルとリンクしていたアジア新興国の通貨は、自国の経済状況とは無関係に連れ高となり、過大評価を生むことになった。97年に入りタイ通貨（バーツ）急落を発端に、大半のアジア新興国で通貨価値が連鎖的に下落、各国経済が大打撃を受けた

をせき止めようなどとするから失敗するのです。

円高阻止のためのアナウンスも似たようなものといえます。金利差を考えれば、円を売ってドルを買えばキャリーが取れます。儲かるのです。とはいえ、経常黒字や日本株投資に現れている円買い需要などを見ていると、恐くてなかなかドルを買えません。ここで当局が協調介入や共同声明で円高阻止を叫び、投機筋に安心感を与え、実質的に協力を要請するのです。だれしも価格の下落リスクさえなければ金利差を享受したいでしょう。

しかし共同声明などに反応し、ドル買い円売りなどをするのは投機筋だけで、経常黒字に現れるような実需筋が円高阻止に協力するわけではありません。むしろドルが上がれば、待っていたようにドル売り円買いをするのが実需なのです。加えて円安は経常黒字拡大の要因でもあります。一時の円安はさらなる円高要因を育てているといえます。

【キャリーが取れる】高金利を買い持ち、低金利を売り持ちにすると金利差が取れること

14 投機とマーケットメイキング

市場は、実需筋と投機筋とで支えています。

実需筋の市場での役割は、トレンドを決定し、市場の存在自体に明確な意義を与えることです。そのほかにも輸出入企業や投資家などの実需筋は、実体経済での役割が大きいので、彼らの存在意義を疑う人はいないでしょう。

一方、市場というシステムを、両輪の片側として支えているはずの投機筋の存在意義は、いまだに多くの弁護の余地を残しているように思えます。私たちの仲間うちでですら、自分の仕事を虚業であるとか、博打打ちだとかいい、卑下する連中がいます。ここにひとつ、市場から投機筋を一掃すればどうなるのか論じてみましょう。

為替市場を例にすると、市場での取引は、財・サービスの輸出入にからむ実需と、旅行者などの外貨、邦貨の手当、資産の裏付けのある投資とその収益の送金などに限られてしまいます。出来高は今の数%となり、売りたい人は買いたい人が現れる

【マーケットメイキング】顧客に売値と買値を提示して市場を提供すること

まで待ち続けねばなりません。経済規模の小さな国や、経常収支が均衡している国ならば、国家が一時的に相手を務めて、あまり問題にならないかもしれません。しかし、日本のように貿易が大幅黒字の国では、外貨を売りたい人が行列を作って、買い手を待つことになります。しかも、この行列は日増しに長くなるのです。売り手は、とにかく売ることが先決となり、レベルが100円であろうが、80円であろうが、売った者勝ちという恐ろしい事態が出現するでしょう。国家が買い向かうのにも限度があります。また、売れない市場に、買いを入れる投資家はいません。投資家が最も恐れるのが、流動性の欠如だからです。金利差ゆえの外貨建て投資も、投機筋が流動性を与えてくれているからこそできているのです。

仮に奇数日には実需の買いが上回り、偶数日には実需の売りが上回る市場があるとします。その市場に実需しかいなければ、奇数日には買えない人が事実上のストップ高水準で並び、偶数日には売れない人がストップ安水準で並ぶことになります。これでは「市場」とは呼べません。

ここで「儲かりそうなので」と、奇数日には買い手に対しての売りを、偶数日には売り手に対しての買いを出す者が現れたとします。彼は奇数日の夜はショートポジションを保有し、偶数日の夜はロングポジションを保有して、翌日の実需に充て

【流動性】ここではある商品を売買することの自由度を述べている。転売リスク

ある日、100 単位の出合がありました。

買い手		売り手
20：3 カ月保有	銀行	10：売り切り
50：1 週間保有		50：1 カ月売り持ち
30：日計り		40：日計り

この場合の実需は 10 の売り切りだけ。

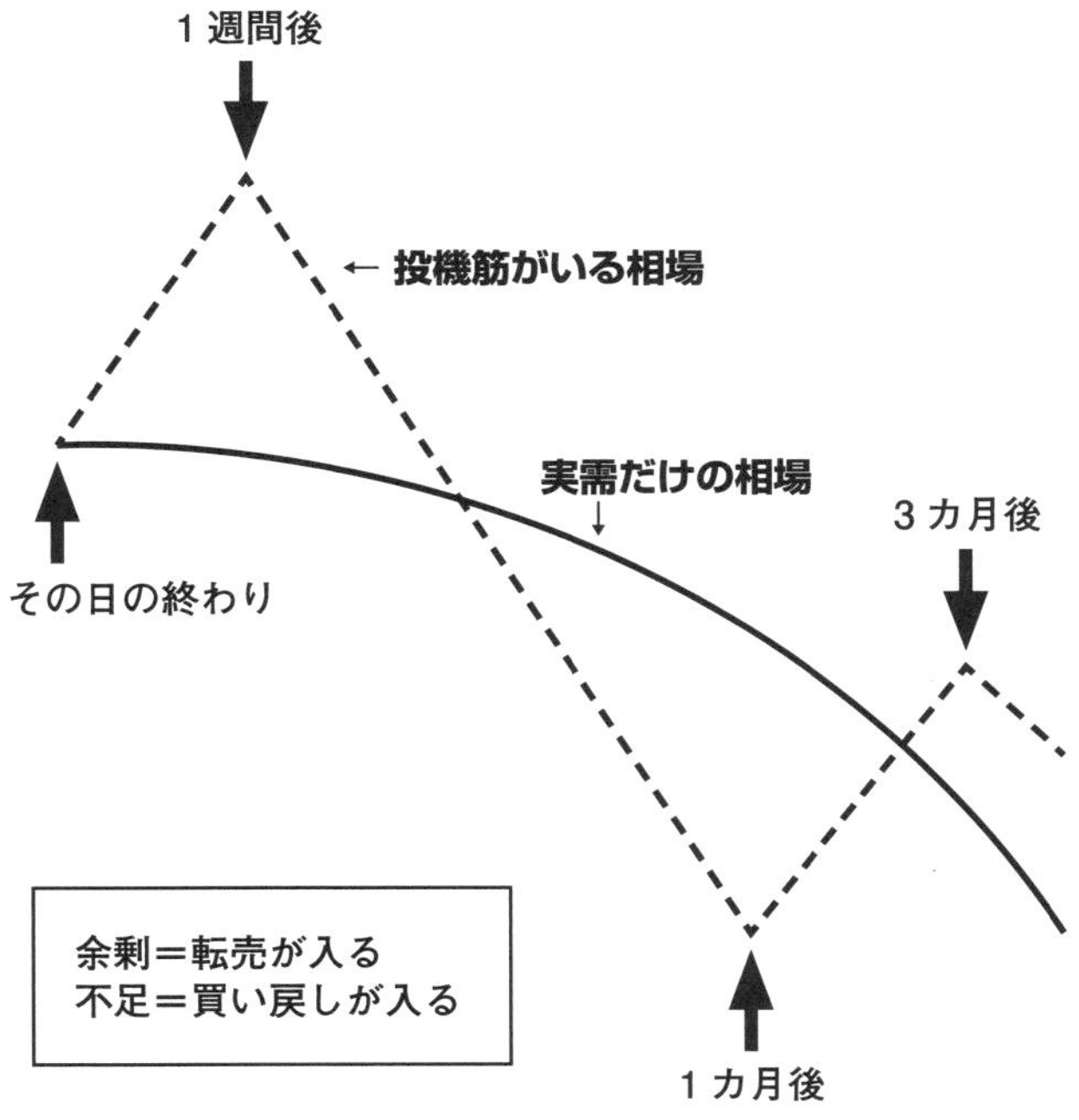

ることによって収益を追求します。

彼は、実際にはそのものを必要としていません。買い戻し・売り戻しを前提とした売買です。狙いは売買差益、キャピタルゲインです。そうです。彼は投機筋であり仮需です。

我々は、彼をディーラーと呼びます。実需相手に値を建てる、彼の行為がマーケットメイキングです。市場は、ディーラーのような投機筋の参入があってはじめて機能します。投機筋が実需筋や投資家の相手を務めているのです。

彼はストップ高のような高値で売り、ストップ安水準で買い戻すので、暴利をむさぼることができます。その儲けを見た他の投機筋がたくさん集まってくると、奇数日の売値が下がり、偶数日の買値が上がり始めます。投機筋が多くなればなるほど、投機筋の利鞘は減りますが、実需筋にとっては、より望ましい価格で売り買いできるようになります。ここで投機筋が市場に与えたのが流動性なのです。投機筋が多く集まると、市場はよりよく機能するといえます。

このように、投機筋の市場における役割は非常に大きいのです。投機筋あっての市場ともいえるでしょう。マーケットメーカー以外の投機筋も、市場に流動性を供給し、安全で安定した市場をつくりあげるという面では、同様の働きをしています。

【値を建てる】値付けをするために、売り買いの気配値（ビッドとアスク）を建てること

誰かがリスクを取り、踏みこたえることによって、実需の偏りの緩衝材となり、過度の変動を抑えるのです。

また、取ったリスクは、リターンとして報われることになっています。要は自分が取りやすい、管理しやすいリスクを適量取ることなのです。権利と義務のように、相場の参加者が全員で、自分の好む取りやすいリスクを引き受けると、相場は極めて安定した機能的なものになるでしょう。

市場は、実需筋と投機筋とが両輪となって、支えているのです。

15 ビジネスとしてのディーリングルーム

「Once a dealer, always a dealer.（ディーラーは3日やったらやめられない）」

厳しい仕事ではあるのですが、これほど白黒のはっきりとでる仕事も少ないでしょう。「買って下がれば負け」という潔さに惹きつけられる人も多いのです。大きな経済の仕組みのなかで何らかのお役にもたっています。未来を模索する仕事でもあります。人には先のことが分かりません。先が見えないからこそ、やりがいがあるともいえます。しかし、そんな抽象的なことだけではビジネスとしてはいかにも心許ないと思われる方もいるでしょう。ここではどのようにしてディーリングルームをビジネスとして成り立たせるかを議論しましょう。個人投資家の方々にも、市場の内側を知るうえで参考になるかと思います。

多くのディーリングルームでいまだ一般的に行われているのが、大手ファンドのフローを取るためのセールスを雇う。フローが取れれば同じ方向にポジションを持

【フロー】資金の流れのこと

つ。そういった処理が得意なトレーダーを雇うというようなことです。ところが現在は電子ブローキングの進展や、金融機関相互のクレジットリスクへの警戒感から流動性が落ちています。そのため大手ファンドとの取引をカバーし、自分のポジションが出来上がったときには、とても儲からないコストになってしまっているのです。

またセールスがフローを取るにも、本来はアイデアなどの附加価値を売ることにより、こちらに流動性上の優位を与えてくれるフローが必要なのですが、顧客に流動性をただで供給するようなセールスをしています。つまりアイデアさえよければ多少は価格にこだわらないというビジネスが欲しいのに、他社よりも安いことだけを売り物とするようなビジネスです。これではフローを取れば取るほど損失が膨らむのです。

相場観やトレーディングのアイデアというのは問屋の仕事にたとえると、売れ筋商品を見つけ品数を確保することかもしれません。大手ファンドのフローを重視するのは、売れ筋商品を知るのに大手スーパーやディスカウンターと取引するようなものでしょう。大手スーパーが欲しがるものが売れ筋というわけです。しかしファンドや大手スーパーは価格支配力があり、なまじっかなディーラーや問屋よりも商

【流動性の提供】買いたい人に売り向かい、売りたい人に買い向かうこと

品を安く仕入れることができます。当然そことのビジネスはやればやるほど損が膨らむのです。またいくつもの大手ファンドが破綻していることでも分かりますように、彼らの相場観とて当てにならない点では市場心理と大差はありません。彼らと同じ売れ筋商品と信じた物を買い占めたところで、儲かる保証などどこにもないのです。ディーリングルームを預かるプロならば自分なりの相場観くらい持っていてもらいたいものです。

このディーリングというビジネスで収益を上げるには、

①流動性で優位を取る
②オリジナルなアイデアで勝負する
③他人のアイデアも含めた情報を早く取る

この三つを、いかにバランス良く達成できるかにかかっています。

①の流動性は、信用力と密接に結びついています。Xと取引を拡大したい。Xに十分な資金供給をしたいということは、Xの信用力の表れでしょう。流動性で優位を取るとは、顧客よりも低利でふんだんな資金を有し、有利なプライスを得ること

【信用力】与信先が債務を履行できる確率のこと

を意味します。信用力に勝れば優位が取れます。例えば、問屋は小売りよりも流動性において優位にありました。安く仕入れたものを高く売れるのです。この場合は、規模の拡大がそのまま収益に結びつくでしょう。そのうち大手スーパーやディスカウンターのような、自分よりも流動性に勝る小売りの出現が、問屋を苦況に押しやりました。私たちの金融ビジネスでも、顧客よりも信用力があれば問題ありませんが、そうでなければ、他の二つに重点を置かざるを得ないでしょう。

オリジナルなアイデア、すなわち独創的なアイデアは、すべてのビジネスの基になります。アイデアが良ければ、割高なプライスでも納得してもらえます。流動性で優位を取ったのと同じ効果があるのです。もちろんそのアイデアは、自己勘定の取引にも使えます。相場観を組み立てたり、価格の歪みを見つけたりすることも一種の技術といえるでしょう。

他人のアイデアも含め、情報は多いほど、正確なほど良いのはいうまでもありません。しかしより重要なのは、その情報が正確である、価値があると見抜く力です。その情報を消化し活かす力なのです。これには経験と、そのための訓練がものをいうはずです。

市場というシステムを支える両輪が実需筋と投機筋であるように、ビジネスとし

【自己勘定】証券会社や銀行など取引を仲介する金融機関が自分自身の勘定で売買すること

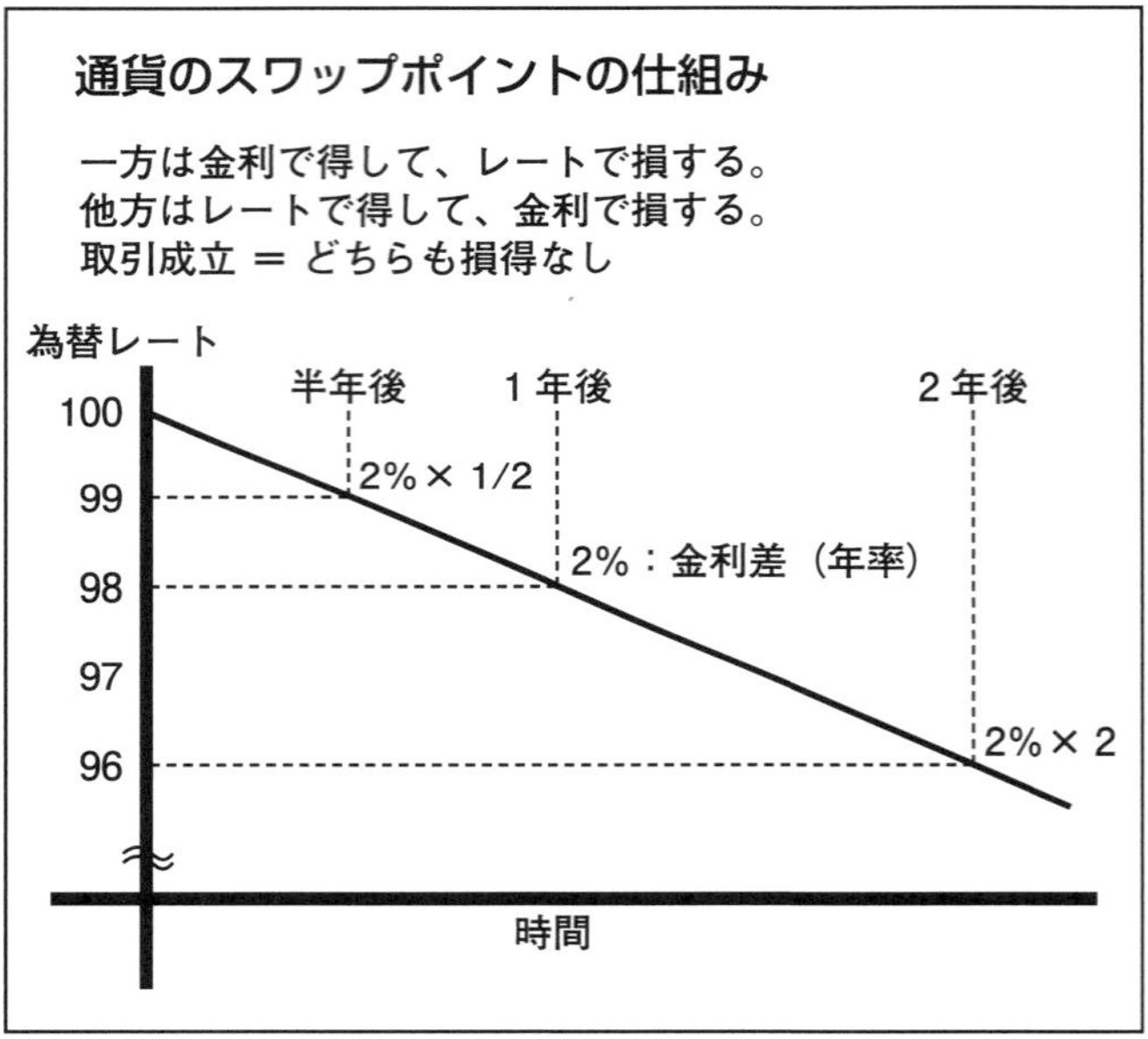

てのディーリングルームではディーラーとセールスとが両輪となります。

セールスチームは、顧客のニーズを汲み上げる必要があります。

顧客のニーズが分かれば、新商品の開発ができます。また、AのニーズとBのニーズとが反対方向でぴったりと合えば、スワップなどのように、組み合わせるだけで収益につながります。顧客Aで余っているものを、顧客Bの足りないところにあてて、顧客Bに余ったものを顧客Aに

【ビッド／アスク（オファー）】買値（bid）と売値（ask/offer）のこと

渡す。これに期間を限定して、元に戻す約束をしたのがスワップです。通貨のスワップや変動金利と固定金利のスワップなど、すべて原理は同じで、どちらか損をするほうが相応の見返りを受け取るのです。

また、顧客のニーズが分かっていれば、流動性のない商品でも扱うこともできます。流動性のない商品は、ビッド／アスクが広いので、収益性は高いのですが、転売のリスクがあり、なかなか扱えないのです。そんな商品でも、顧客のニーズに合っているのなら、あえて取り扱うこともできるのです。

16 相場における自己責任

伊達政宗に「大事の義は、人に談合せず一心究めたるがよし」という言葉が残されているそうです。事が大事であればあるほど自分だけで決めろというのでしょう。

物事は、その決定に責任を持つ者が決めるのが筋です。会社では責任者が決め、人生の岐路では自分自身が決めます。相場では当然、徹頭徹尾自分ひとりで決めるのです。チームワークと、この辺の所を混同してはいけません。相場は自分だけの相場観で張るものです。たとえ人の意見を尊重したとしても、実際にポジションを取るときは自己の判断で行うべきです。こんな当たり前のことが実は非常に難しいのを、経験者の方々はご存じでしょう。

日本の会社に比べて外資系のほうが、より自由なようでいて、実はもっと難しいのです。具体的に説明しましょう。

外資系は基本的に、いわゆるトップダウンです。ディーリングルームを預かった責任者は、その収益に全責任を負っています。ここで仮に、私がナンバー2としてトップに仕えているとしましょう。彼もポジションを持ち、私は彼の半分のポジションを与えられたとします。あるとき意見が対立しました。彼はブルで私はベア。私は意見を曲げないので、2人は相反するポジションを持つことになるでしょう。上の人間にとって、すぐ下の人間が自分の意見を採り入れず、真っ向から逆のことをするのは不愉快でしょうが、気分的なものだけではすまされないものがあります。

その後、相場が上がったとします。彼が浮いて私が沈みます。私のやられは自己責任で当然ですが、彼は私が逆のポジションを取ったがために、チームとしての収益を減らされたことになります。チームのほかのメンバーが差し引きネットでゼロだったとすると、私は彼の益の半分をとばし、チームの収益を得られたはずの3分の1の額に減らしたことになります。逆に、相場が下がったとします。彼が沈んで私が浮きます。私がいたおかげでチームの損を少なくはできました。しかし、損は損なのです。トップとしての彼の顔が立つわけでもなく、ましてや損の張本人は彼なのです。ここでは結局得をするのは会社と、チーム内では私ひとりということになるでしょう。

最初のケースが続けば、私は不要となり追い出されるでしょうが、チームも私が

【ブル】相場が上昇するとみている。強気

【ベア】相場が下降するとみている。弱気

いたおかげで収益目標に届きません。あとのケースが続くと彼自身が危なく、会社としては私がいるので、後釜には困らないということになります。いずれナンバー2の私にチームを任せてみようと、なるかもしれないのです。どちらに転んでもトップとしては面白くないこの状況を彼が避けようとするのは当然のことです。トップと部下とが蜜月状態を保つには、2人とも儲ける、あるいは2人とも損をする。すなわち、2人で同じ方向にポジションを持つのが一番となってしまいます。

外資系のこのような状況では、トップと逆のポジションを持つことがいかに難しいかが分かってもらえるでしょう。トップの本音が求めるのは、自分だけに相場観やアイデアを与えてくれる部下なのです。楽しいときも苦しいときも一蓮托生で、けっして逆らわず、自分のためだけに身を粉にしてくれる有能な部下です。判断を下すのはトップ1人で十分なのですから、部下はポジションを取らないほうが好ましいでしょう。

伊達政宗は大名です。もし彼の家臣が先の彼の言葉のような考えを抱いていたとすれば、果たして優遇したでしょうか? 「船頭多くして舟山へ登る」のことわざではありませんが、チームの個々人がそれぞれの考えで動いていたなら、全体としてのまとまりに欠けてしまい、何も達成できないでしょう。しかし相場では、トップと同じポジションしか取らないのなら、ほかのディーラーなどいらないことになります。少なくともそのほうがコストを低く抑えられます。現に力がありながら、むしろ力があるがゆえにはじき出されたディーラーは数多くいます。現在、証券会社や銀行のディーリングが下火になっているとすれば、社内政治にたけたトップが、有能なディーラーたちを葬り去ったことにも一因があります。もっとも、彼らはヘッジファンドなどに流れて、ヘッジファンド・ブームの隆盛に寄与しています。

では相場における自己責任とは何なのでしょうか。

ディーリングルームのトップに、相場の知識や経験が要求されるのは当然ですが、トップはポジションを取るべきではないと思います。彼はチームとして収益の上がるシステムづくりに専念すべきです。彼が張るべき相場の投資対象は人なのです。めぼしいディーラーを連れてきて、相場を張らせるのです。そのコストが投資資金にあたり、そのディーラーが上げた収益が投資収益になります。つまり、トップはディーラーという人間のポートフォリオを管理するマネジャーなのです。彼が投資したディーラーの成績が良ければ、彼の成績につながります。悪ければ、そんなディーラーに投資した彼のミスです。これは株式に投資しているのと何ら変わりがありません。当然コストが高くパフォーマンスの悪いものは、順次入れ替えてゆ

【ヘッジファンド】レバレッジを用いてハイリターンを目指している投信

くことになります。ドライに聞こえるでしょうが、これならディーラーの側から見ても、すっきりしていて気持ちがよいシステムです。

ディーラーは一国一城の主なのです。伊達政宗なのです。資金を運用してリターンを得る事業主ともいえます。ディーラーの成果は、良くも悪くも自己の責任です。ここではマネジャーはマネジャーとしてのプロであり、ディーラーは資金運用者としてのプロなのです。彼らの利害は一致し、先のようなつまらない遠慮や難しさがなくなります。

相場は徹頭徹尾、自己責任の世界です。言い訳は許されません。私はこれまで、自己の相場観に忠実にやってきたので、先ほど述べたようなあつれきを経験しました。これは人柄や相性などというものではなく、現状のようなプレイングマネジャーのシステムのもとでは、必然的に起きるあつれきなのです。上げ相場ではトップが儲け、下げでは自分が儲ける。逆のポジションを持ったが、2人とも儲けてチームは万々歳などということは起こりません。仮にしばらくの間、たまたまうまく機能したとしても、良いときもあれば悪いときもあるというような長い期間を経ると、どこかで利害の対立が表面化してきます。そういうシステムなのです。

相場の世界もこういったシステムを見直す時期にきているように思われます。

17 売り買いの判断

相場は小さな判断の連続です。小さなことに、いちいち白黒をつけていきます。その小さな白点、黒点が集まって、ちょうど白黒写真のような全体像の映像が出来上がります。そこに情緒の色付けをすれば、リアルカラーの映像になるのです。そのとき、判断する材料、判断する機会が多ければ、画素の多い鮮明な画像となります。

判断しない。判断できない。興味がない。受け付けない。そういったものが多く、自分で判断するものが少ないと、画像はぼやけたソフトフォーカスなものにしかなりません。値動きや、目先の材料だけでなく、市場の外にも興味を示さないと、一部だけは鮮明だが、その周りはぼやけた不完全な映像しか得られないのです。

運動能力の高い人とは、運動の中枢である脳の指示に、筋肉などの運動の現場が正確に反応する人です。運動能力を高めるトレーニングとは、筋肉などの現場を鍛えるだけでなく、より正確な判断材料を脳に送ること、また、その材料をもとにした脳からの指示を現場の筋肉に伝えるのに、伝達機関である神経などの中間組織の抵抗をできるだけ小さくすることです。

中間組織の抵抗とは、脳からのスムースな情報伝達の何らかの障害や、副交感神経のように身体が身体を守ろうとする抵抗です。例えば、ボクサーが試合中に気を散らしたり、あるいは腸に活発な蠕動《ぜんどう》運動をされたりしては動きが鈍るでしょう。また相手のパンチに無意識に目を閉じたり、骨や筋肉、腱をかばって無意識にパンチ力を手加減したりしていたら、なかなか効率的なファイトはできないものです。

軍隊のように強い組織は、運動能力の現場である兵士の判断基準を単純化させます。すなわち「上官の命令は絶対」のように、個々の兵士の判断を否定することで、効率的な行動を実現させています。

作戦本部の命令が、中間組織によって歪められたり遅らされたりすることなく、正確に迅速に末端の兵士にまで行きわたる部隊が強いのです。ここで個々の兵士や中間組織が自らの判断で勝手気ままに動き出したりすれば、出し抜いて攻撃を始める者もいれば、あるものは退却し、あるものは戦線離脱するなどして、強い軍隊が保てなくなるのです。

強い軍隊にする訓練とは、運動選手がその能力を高めるトレーニングに似たものなのです。現場の兵士は自ら判断する能力を奪われています。そして、自ら白黒をつける必要がない、あるいはつけても無駄、百害あって一利なしということになると、物事に対する関心が次第に薄れ、どうでもよいことになっていきます。おそらく最強の軍隊の兵士は、局地的なものしか見ず、関心も持たず、命令の遂行に関することと以外は、非常にぼんやりした状態で戦っていることと思います。

これは身体の組織や軍隊だけでなく、学校や会社や国家にも当てはまることです。組織が効率的に動くためには、現場の能力を高めなければなりませんが、同時に現場にはどんな理不尽な命令でも従わせ、自ら判断する能力や意欲を奪い取る必要があるのです。

犬の調教と全く同じです。犬の調教では、犬が右に行こうとすれば左に引っ張り、止まろうとすれば進ませ、進もうとすれば止める。つまり、犬が自分の判断で行動しようとすることを、ことごとく否定して、服従させるのです。

強い組織にいたエリートであるはずなのに、組織を離れれば無能になってしまう人がいるとすれば、彼は良き兵士であった（でしかなかった）ということです。

このように考えていくと、個人と組織、あるいは個と全体とは対立する関係だと分かります。お互いが自分の効率を追及すれば、どこかで衝突してしまうのです。共存するにはどこかに妥協点を見つける必要があります。

妥協という言葉が嫌いならば、調和と言い直しましょう。個と全体だけでなく、個と個、組織と組織、国と国でも、調和する気持ちがなければ、お互いを滅ぼしあう関係でしかないといえます。

株式投資は自立への道です。それは経済的な安定だけを意味するものではありません。人に頼らないで、自分で判断するという自立でもあるのです。相場への取り組み方や、考え方、手法などを学ぶことは必要です。しかし、判断までも人に頼ってはいけません。ほとんどの場合、状況はむしろ悪化するのです。

18 年金資産に外貨は必要か？

年金資産にどれぐらいの外貨を組み込めばよいかを、ここで合理的に考えてみましょう。それには、通貨とは何か、通貨高とは何を意味するのかを知ることが必要です。

円高になると、本当に困るのでしょうか？

まず、米ドルなど外貨を保有している場合、円高になると評価損が発生します。しかし、米ドルは通貨ですから、株式や債券のように換金する必要がありません。つまり、どんなに円高が進んでも、米ドルのままで使えば、100ドルはいつも100ドルとして使えます。今の100ドルは、10年後でも「100ドル＋ドル金利－アメリカのインフレ率」の価値を有しています。米ドルの通貨としての購買力は、対円レートで計るものではなく、アメリカの消費者物価と比較して計るのです。

したがって、保有した米ドルが安くなった場合は、損をしたというよりも円高の恩恵を受け損なったと考えるほうが実情に合います。

基本的に通貨高はその国の富を底上げします。円高になれば円資産の国際的な価値が増加し、円の購買力が上昇します。円建てで受け取る給与などの収入も国際比較でアップするのです。この給与アップがまさに輸出企業の国際競争力を低下させるのですが、一般の人にとっての円高の恩恵は直接的です。円資産を外貨に変えて買い物すれば誰にでも納得できることです。

一方、円安の恩恵をもっとも享受できるのは、外貨資産を持つ人と外貨建ての収入がある人です。また円安は企業にとって国際比較でのコストダウンになりますので、輸出競争力が増します。輸出企業が好調だと、原材料や燃料を提供する会社も潤い、産業界全体が活気づくでしょう。円安で輸入品が高くなるので、内需関連も競争力を得ます。景気が良くなり雇用が安定します。

ここで資産の1割を外貨建てで持っている人を考えてみましょう。円高は1割の外貨資産の価値を下げ、残り9割の円資産の価値を上げます。一方、円安は彼の資産の1割の価値を上げますが9割の価値を下げるのです。どちらが得でしょうか？

つまり、円高になると困るのは資産の半分以上を外貨建てで持ち、収入の半分以上を外貨で受け取る人です。圧倒的多数の日本人は、輸出企業に勤める人をも含めて、円高のほうが豊かになるのです。

円安を叫ぶ輸出企業ですら、その円資産は円高によって増加します。すなわち彼らにとっては円安でも円高でも、使いようでメリットになるのです。

このように考えると、年金資産を単一通貨で持つことには大きなリスクがあります。つまり円高だと円資産の価値が増すのですが、自分の老後に必ずしも円高であるとは限らないからです。また円安になると決め打ちして外貨ばかりを持ち、円高になると、日本で生活するには本当に困ります。しかし、あまり外貨を持たないほとんどの日本人にとって困るのは、円安の進行です。

２００６年12月の時点で、日本の国債の残高はＧＤＰの約１・４倍。また、政府と地方自治体の長期債務残高が、併せて７７４兆円と膨れ上がっています。これは１世帯当たり１６４４万円の債務ですから、増税ラッシュで乗り切ろうにも、国民のほとんどを破産させても払い切れる債務ではありません。このように、政府が国民に依存しているときに、このまま「お国」を信頼し依存し続けると、とんでもないことになることが、だんだん明らかになってきています。

一方で国際通貨基金などは、日本において今の勢いで少子高齢化が進み、労働力人口の不足が深刻になると、経済成長率が低下し、２０２０年ごろには経常収支が赤字に転落しかねないと警告する報告書を発表しています。経常収支が赤字になると、どのようなことになるのでしょうか。

日本は過去30年以上にもわたって経常黒字を続けてきました。経常黒字というのは、貿易やサービスでの外貨収入が外貨支払いを上回ることですから、外貨売り円買いというかたちで円高トレンドをつくります。その結果として、円レートは対ドルで30年前の約3倍、20年前の約2倍となっています（過去10年ほどに限ると、為替介入による外貨準備高の急増という形で円安圧力がかかり、円は4分の3ほどに安くなっています）。

これが赤字となってしまうと、今度は支払いのための外貨が必要となり、円安圧力となるのです。スーパーパワーのアメリカでさえ、財政、経常の双子の赤字でドルが売られ続けたのですから、日本が双子の赤字になれば200円、300円といった円安も想定内になってきます。経常赤字というのは、外国からの輸入に頼ることでもあるので、物価の上昇で今の生活レベルが維持できなくなります。

過去10年以内を振り返っても、さまざまな地域でその国の通貨が4分の1になるなどの通貨危機が訪れています。ロシアはかつてのスーパーパワー、アルゼンチンはかつての先進国、タイやインドネシアなどのアジア諸国も急成長を謳われた国々

【外貨準備高】国が保有する対外支払準備資産額。外貨売り市場介入の原資ともなる

と、世の中何が起こるか分からないものです。

日本もこのままでは危ないという兆候がすでに出ているのですから、日本だけが例外だなどとは考えないほうがいいでしょう。そんな通貨危機のときに困らなかったのがドルを持っていた人々です。なにしろドルは通貨危機を迎えた国々の現地通貨に対して、だいたい4倍以上に値上がりしたのですから。

余裕資金を円だけで持っている人は、何があっても「お国」を１００％信じ続けるという人です。外貨が10％を占める人は、それでも90％は「お国」を信じている。半分くらいなら信じられるという人は、余裕資金の半分を外貨で持ってもいいかもしれません。それがヘッジというものであり、自分で自分を守るということなのです。

老後を日本ですごす私たちは、年金資産も円をコアにするべきでしょう。使う当てのある通貨で資産を持つのが基本といえます。しかし、円安に進んだときの備えもしておくべきです。たとえ海外旅行などの当てがなくても、資産の幾分かは外貨建てにするのが賢明です。年金を円で受け取る人は、預金は外貨で持ってもいいでしょう。相場観や金利差などをあえて除外し、バランスのとれた資産という観点からものを考えると、私は資産の３～４割は米ドルを中心とした外貨で持ってもよいと考えます。

【ヘッジ】一種の保険。ある取引から生じるリスクに対して、逆サイドのリスクを持つ取引を行うことによってリスクの回避をしようとする方法

第二章

自己資金の性質と
そのリスクを理解する

19

敵を知り、己を知る

ほとんどの投資関係の本は、株式や債券、通貨といった投資物件の分析や、投資手法の解説をもっぱらとしています。しかし、投資を行うのが自分自身である以上、自己分析を怠るわけにはいきません。心理学を用いて市場や自己を分析する方法もありますが、心理学だけで対処できるほど、世の中も相場も甘くはないのです。

孫子の兵法に「敵を知り、己を知れば百戦危うからず」という言葉があります。「敵を知らずとも己を十分に理解すれば勝ち目は十分にあり、己を知らなくても敵を知っていれば勝ち目は少なからずある。どちらも知らなければ勝敗は天に任せるしかない」と続きます。

孫子の言葉を資金運用の現場に当てはめると、「相場を知らずとも自己資金の性質を十分に理解すれば勝ち目は十分にあり、自己資金の性質を曖昧にしたままでも相場を知っていれば勝ち目は少なからずある。どちらも知らなければ勝敗は運に任せるしかない」となります。そして「相場を知り、自己資金の性質を理解すれば百戦危うからず」という域に達することも十分に可能なのです。

相場の参加者にとって敵とは、価格の変動です。あるひとつの局面では、相場を動かしている連中であるともいえます。この敵は自分が向き合っている相手ともいうべきもので、上手く利用すれば心強い味方となります。

敵を知るとは、価格変動のパターンを調べることです。チャートを調べ、材料を吟味して、このときはこう動く、このようなときはこう動くと、敵の行動パターンをおさえるべく、値動きを検証するのです。

具体的に相手を想定するときは、そのポジションの取り方に留意します。価格は、ポジションの量と保有期間の長さで、その方向が決定されます。すなわち市場に影響を与え得る量を買い、そのまま保有し続けると、相対の取引相手によるショートカバー、そのカバーによるショートカバーの連鎖で、価格は限りなく上昇することになります。その上昇を止めることができるのは、同じように長く売り持ちを保有する、ショートカバーをしない売り手だけです。相場での力関係は、ポジションを長く、大きく取れる者が強いのです。

相場のなかでの己を知るとは、あらゆる戦いの場でもそうであるように、個人的

【カバー】すでに持っているポジションを反対売買すること

な資質を超えた、自己の戦力の客観的な分析です。具体的には、預かったポジションの種類です。評価損に対する抵抗力、ポジションの保有期間、量なのです。戦における劣った戦力での奇襲はあくまで奇襲であるだけでなく、奇襲でさえも成功するにはそれだけの条件があります。どれだけの戦力を預かってどのような敵に向かうのかを冷静に考えれば、ほとんどの人は謙虚にならざるを得ないはずです。

相場での力関係の本質を踏まえて、実際の値動きを見てみると、小さな値動きから大きな値動きまでの価格波動のありようがよく見えてきます。その波動に、いかに自分を合わせていくか、自分の味方に引き込むかが、勝負の分かれ目となります。

通常、市場にはマーケットメーカーやデイトレーダーなど、日計りのポジションを持つ人間が一番多くいます。彼らのポジションの量は大きいので、彼らがそれを保有している時間内では、彼らの力が一番強くなります。彼らと、もっと長くポジションは保有できるが、一定幅が利食えるならポジションを閉じてしまう投機家を合わせると、市場の大多数は支持線で買い、抵抗線で売るという単純なディーリングを繰り返しています。

これは大多数の参加者のポジションの性格をかんがみると、理にかなった行為です。したがって、このようなやり方は単純とはいえ「短期ディーリングの基本」と

【短期ディーリングの基本】相場環境が１日のうちに大きく変化することなどあまりない。同一環境下では、テクニカルな材料は大きな動意となる

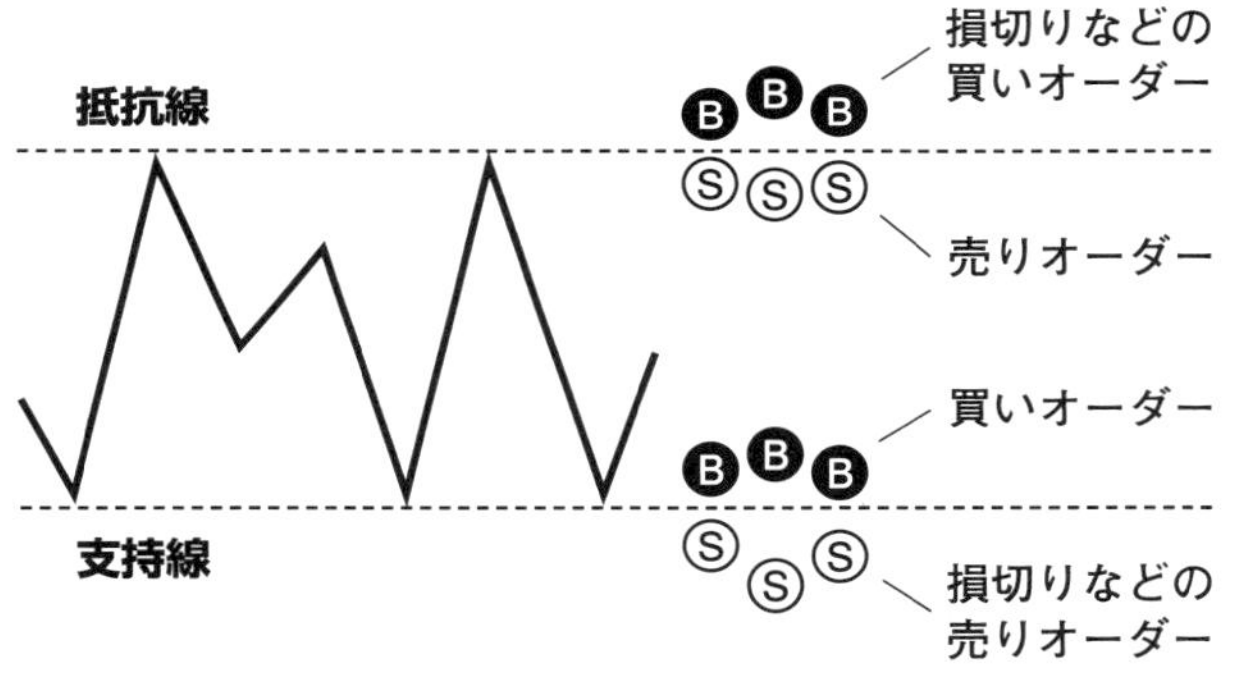

いえます。侮れないのです。
彼らの行為で、半ば必然的に導かれるのは、支持線の内側の買いオーダーと、外側にある損切りなどの売りオーダー。抵抗線の内側の売りオーダーと、外側にある買いオーダーです。したがって支持線、抵抗線の内と外とでは力が反対方向に、線から遠ざかるように作用しています。
マーケットプロファイルのように、それをテクニカル指標として表すものもあります。当然これを上手く利用しようと、あるいは逆手にとろうとする動きが出ます。
例えば、朝から相場が上昇し、抵抗線を突き抜け、損切りも巻き込んで高止まりするとします。翌日、強いと思って買ったら、下押しして支持線も抜けてしまう。翌々

【オーダー】注文のこと

日、やはり弱いのかと売りから入ると、今度は踏み上げさせられる。こんな相場で先の短期ディーリングの基本を忠実に守り、支持線の手前で買い抜ければ売り、抵抗線の手前で売り抜ければ買い、とやると、買ってはやられ、売ってはやられで、さんざんな目にあわされます。

この例は単に、市場をリードするに足る量のポジションを取っているものが、ポジションの保有期間を1日長くしただけなのです。日計りでなく、今日買って明日売りの倍返し。明日は売ったままにしておいて明後日に買いで倍返し。これだけで日計りのほとんどを殺せるのです。

ベテランが相場を見失うときは、新規参入者が相場をかき乱したときです。今まではのやり方では儲からないのです。

では、元からいた者と、新規参入者との本質的な違いは何でしょうか。ポジションの保有期間の長さだけなのです。

相場の性質、リードしている連中のポジションの取り方を知り、自分のポジションの性格を知る。そして、自分のポジションの性格にあった方法で相場に入り、価格変動を味方につける。それが敵を知り、己を知ることなのです。

【倍返し】例えば2の買い持ちのとき、4を売って、2の売り持ちとすること

20 自己のポジションを診断する

株式市場や債券市場の発行体は、株や債券を発行して（売って）、資金を調達します。投資家は金融商品を買うことで（事業家に資金を提供し）運用します。外為市場においても、自動車などの輸出企業は外貨の円転、すなわち円を買うということは決まっており、問題はその時期とレベルだけです。一方、石油などの輸入企業は、原材料を買うために、ドルの購入を決めています。そこにはその行為に及ぶニーズがしっかりと存在しています。

それに対して、ディーリングや個人投資家は売ろうが買おうが全くの自由、何もしないでいることさえ自由なのです。要は思いつくまま気の向くままに売り買いをし、収益を上げさえすれば、それでよしなのです。

日計り（デイトレード）や、マーケットメイキングなど、超目先のディーリングを行っている者にとっては、ポートフォリオという概念は存在しません。したがっ

【ポートフォリオ】運用資産。複数の銘柄・商品からなる投資家の金融資産。投資勘定

再投資リスク

値上がりすると……

債券の利回りが低下
＝高値圏で低金利の価格変動の大きな商品しか残っていない

株価収益率（PER）の上昇
＝ PER の高い「割高株」を買うことになる

て、経済情勢の先を見ての資金運用など考える必要はないでしょう。もちろん、彼らにも経済のファンダメンタルズの勉強は必要なのですが、それは市場の今のポジションを読むためなのです。

一方、マネジャーズポジションや、一部ポートフォリオとは称していても実体が曖昧なポジションを預かっている者に、何を手掛かりに相場をはってよいのか、目先を追うか先を見るかで判断に迷いが生じ、混乱している例がよく見受けられます。すなわち、ファンダメンタルズから見た長い目では買いなのですが、目先は重そうなので売ってみる

【再投資リスク】主に債券投資で使用する表現。債券の上昇局面（金利低下時）に、手持債券の償還、あるいは売却で投資資金を得た場合、インフレリスクに弱い低金利の投資物件しか残っていないリスク。株式の場合は高 PER の物件

かなどという混乱です。

自分が預かっているポジションが、ポートフォリオなのか、商品勘定のようなディーリングポジションなのかを自己診断する方法があります。評価損に対する抵抗力です。買ったものが値下がりすると、当然のことながら苦しいでしょう。しかし苦しい一方で、投資環境の改善を見ることができたなら、それはポートフォリオです。ディーリングなど商品勘定での値下がりは、評価損あるいは実現損以外の何ものをも生みません。

一方、値上がりを素直に喜べないのも、ポートフォリオマネジャーの宿命でしょう。再投資リスクとは彼らのための言葉なのです。

債券のポートフォリオを例にとると、値上がりしてゆく過程で、時間の経過やコールオプション付きの債券の償還などで、ポートフォリオ全体のデュレーションが目減りしていきます。上昇相場でデュレーションが短くなると、インデックスに負けてしまいますので、随時デュレーションの長い債券を買い足さねばなりません。長い目で見ると金利は循環しますので、買われた相場で、すなわち高値でクーポンの低い債券を買うのはハイリスクなのです。

年金の資産配分は、言うまでもなくポートフォリオです。基本的には引退までは

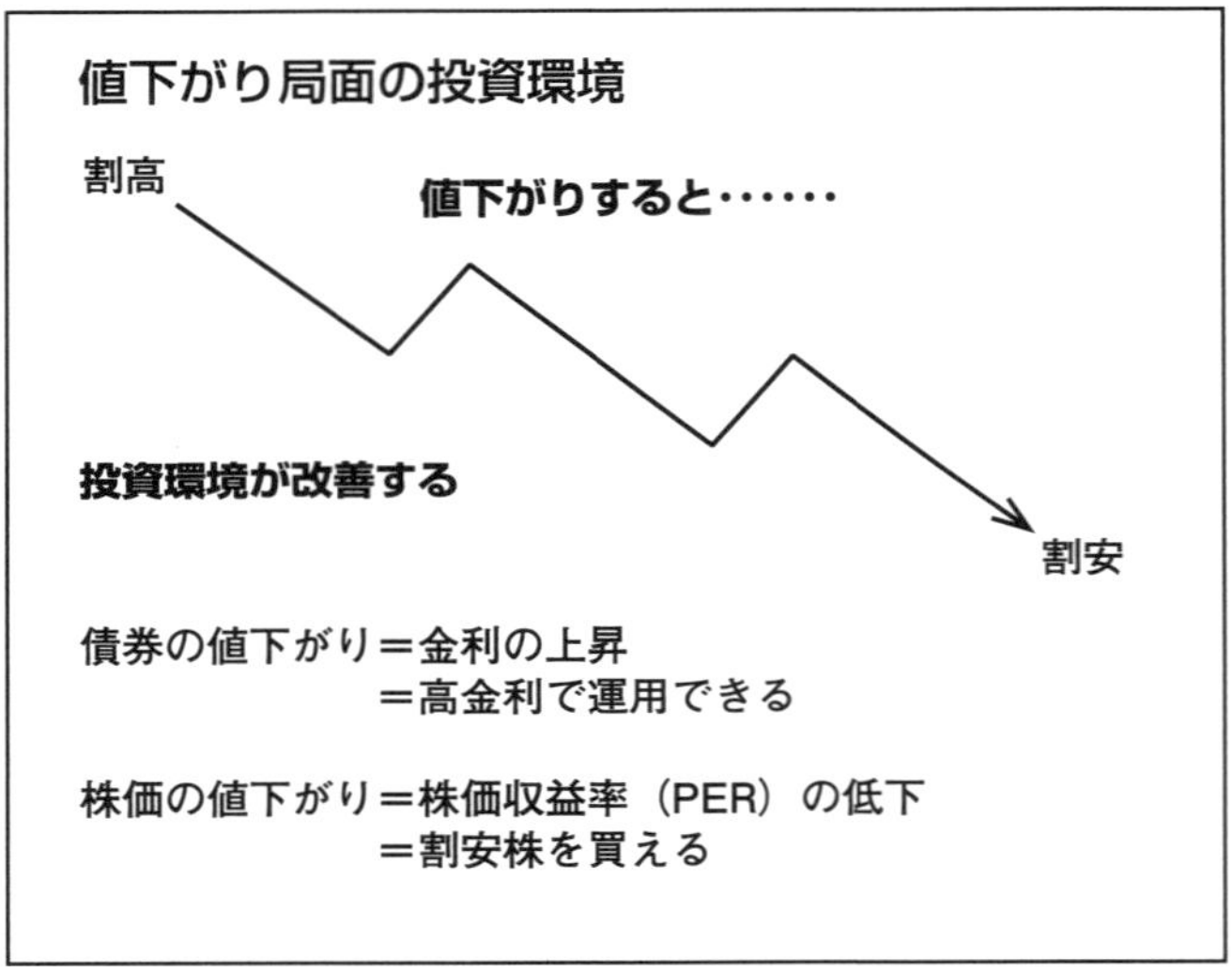
値下がり局面の投資環境
割高
値下がりすると……
投資環境が改善する
割安
債券の値下がり＝金利の上昇
＝高金利で運用できる
株価の値下がり＝株価収益率（PER）の低下
＝割安株を買える

引き出さない資金ですから、目先の価格のぶれに一喜一憂する必要はないでしょう。買ったものが値上がりしても、すぐに利食うわけにはいきませんが、買ったものが値下がりしたからといって、慌てる必要はありません。長い目で見れば、より良い買い場が来たともいえるのです。安全性も考えると適当に分散投資をして、じっくりと構えていればよいのです。

個人投資家でも、老後のための外貨資産を持つ、あるいは高配当の銘柄をじっくりと保有する場合はポートフォリオとなります。一方、信用取引はキャピタルゲイン狙いの短期

【クーポン】債券の利札。額面金額に対する表面金利

勝負です。借入金による取引なので、保有することには向かないのです。制度信用取引であろうが、無期限信用取引であろうが、長く持たないことが鉄則です。

自分が使っている資金の性質によって、適切な運用方法が決まってきます。ポートフォリオとは称していても、多少の評価損ですぐにまいってしまう類のファンドはディーリングと割り切って、曖昧な資金運用は避けるべきでしょう。流動性の高いものを機動的に動かすのです。

21 投資と投機 ―タペストリー第二理論―

私はかさねがさね、投機と投資とは「似て異なるもの」と述べています。端的な例が「あらゆる投資基準からみて売りのものは、投機的には買える」というもので、ときには正反対の対応を迫られるのです。投機の特徴はキャピタルゲイン狙いで、商品を選びません。ディーラーやヘッジファンドのような借入金による売買、信用取引は投機です。一方の投資の特徴は保有（あるいは売り切り、買い切り）ですから、商品そのものに需要があります。長期間寝かすことのできる余裕資金による運用は投資だとみなせます。したがって、ポートフォリオの運用は投資です。

投機では、相場が逆にいった場合は「損切り」で対応する必要があります。キャピタルゲイン狙いが崩れたなら、あきらめるしかないのです。一方、投資がそのポジションを閉じるときは、安全性やインカム、配当、成長性といった投資に至った前提が崩れたときです。それまでは多少の価格のぶれには惑わされずに、保有して

【インカム】債券投資や預金などから生じる受取利子

いていいのです。

短期的な投機と、長期投資とは、切り離して考えるべきでしょう。もともと投機と投資とは相いれないところがあるのです。例えば、ファンドや長期投資がリターンを上げるのにどれだけのリスクを取っているかを計るシャープレシオは、リターンをボラティリティで割ったものです。ここではボラティリティがリスクと捉えられています。一方、投機では損切りなどの取り返しがきく、ボラティリティの大きなもののほうがリスクは少ないのです。すなわち、投資ではボラティリティの大きなものは不適格とされ、投機はボラティリティを追い求めます。そして、世の中で理論価格などと呼ばれているものは、すべて投資に対する助言で、投機にとって役立つのはチャートや出来高などのテクニカル要因です。

さまざまな経済指標や企業業績の発表などに日々の相場がぶれるのは、経済のファンダメンタルズや収益が毎日のように大変化しているわけではなく、それを材料として投機家のポジションの積み上げや整理が行われるためです。投機では、使う材料は何でもよく、ポジションがどちらに膨らみつつあるのか、あるいは、閉じつつあるのかを読むことが重要です。

ここに投資と投機の違いをまとめてみましょう。

【シャープレシオ】ある投資リターンを得るためにどのくらいのリスクをとっているかを計測する指数。リターンの標準偏差をヒストリカルボラティリティで割ったもの。（次ページに続く）

投資＝資本を投じるもの。
投機＝機（タイミング）に投じるもの。
投資＝保有。あるいは買い切り、売り切り。
投機＝キャピタルゲイン狙いの売買。売り戻し、買い戻しが前提。
投資＝余裕資金、手元資金、預かり資産の運用。
投機＝借入金、信用を利用した運用。
投資＝投資物件そのものを分析して投資判断とする。
投機＝なんでも材料にできる。ときに材料は後からついてくる。
投資＝トレンド（価格の方向性）に関与する。
投機＝ボラティリティ（価格の振幅）に関与する。

同期間に同程度の収益をあげているファンドや金融商品が存在した場合、ボラティリティの小さい（価格に大きな変動がない）ほうが優良なファンド、安全な金融商品とされる。通常は価格やレートの変化率の標準偏差の年間換算値で示される。（次ページに続く）

投資＝量に厳しい制限がある。

投機＝時間に厳しい制限がある。


投資＝実需。

投機＝仮需。


投資＝事情。

投機＝意欲。


投資＝上げ相場には強いが、下げ相場では、資産のキャッシュ比率を高める、ヘッジ率を高めるなど以外に打つ手がない。

投機＝基本的には上げ下げどちらの方向にも収益を狙える。

投資＝値下がりは投資環境の改善をも意味する。

投機＝値下がりは投機の失敗以外を意味しない（買いの場合。売りの場合は逆）。


シャープレシオが１以上（リターンに比べてボラティリティの低いもの）が投資適格とされる。これはボラティリティをリスクとみなし「避ける」べきものとするもので、トレーダーの思考とは相容れない

投資と投機のタペストリー

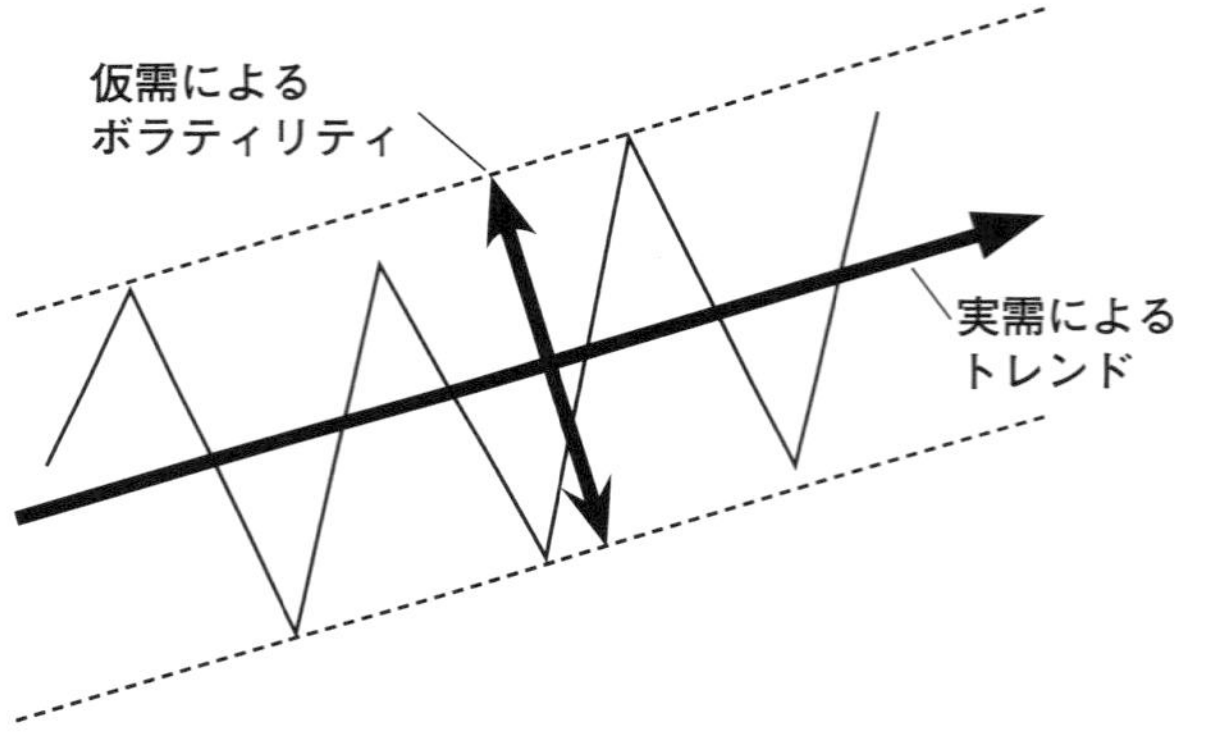

投資＝市場を利用する。
投機＝市場（に流動性）を提供する。

投資は、マクロやミクロのファンダメンタルズの数値を信じるところから始まります。一方の投機は、何が起こるか分からないことを前提とします。投機が信じるのは値動きだけなのです。

投資は保有という形で、相場に長く影響を与えます。トレンドに影響を与えるのです。投機のほうは、借入金というレバレッジ効果で量的には大きいのですが、いつか返さねばならないという時間の制限があります。膨らんだポジションは必ず閉じられるので、ボラティリティ

【タペストリー】経糸（たていと）と緯糸（よこいと）を交互に浮き沈みさせて絵や模様を出す織物。飾り絨毯（じゅうたん）

（価格波動）に関与します。つまり、投資はチャートの横軸に、投機はチャートの縦軸に、より大きな力を与えます。縦軸は価格ですから、投機のほうが効率的に儲けることが可能です。

相場は投資を横糸に、投機を縦糸に編み上げる、タペストリーのようなものともいえるのです。私はこれを「タペストリー第二理論」と名付けています。

22 商品の流動性

ドルは世界で一番信頼されている通貨です。それは、各国の貿易通貨、準備通貨や投資家のポートフォリオに占める割合をみれば一目瞭然でしょう。

ドルは闇経済の人たちからの信頼も厚そうです。しかし、相場にたずさわるものが何人か集まると、そのなかには必ずドル不信任派がいます。垂れ流し状態の経常、財政赤字。貧富の差の拡大。貯蓄率の低さ。治安、教育、マイノリティ問題。国際政治でのリーダーシップの発揮の仕方。あまりに大きく膨れ上がったデリバティブの残高や、株価に依存した財政、家計を問題にする人もいます。

ドルの信認派が米国の強さとして挙げるのは、より自由に開放された消費市場、労働市場、金融市場、教育。すなわち来る者は拒まずという懐の深さ、優秀な人材や、やる気のある者に与えられるチャンスの大きさなど、米国が持つ、際だったダイナミズムです。そのアメリカン・ドリームのダイナミズムが、個々の産業の強さ

【デリバティブ】現物に対する先物やオプションなどのように現物から派生した金融商品

や軍事力をしのいでいるようです。米国は米国民であることを運命として受け入れている人たちの国ではなく、自ら選び取った人たちの国であるといえるでしょう。

とはいえ、ドルが世界中で保有されている理由の第一は、世界中で保有されているからです。これはふざけているのではありません。流動性のことをいっています。ドルが最も便利で安全なのです。

大手の投資家にとって、その資金の大きな部分を投資できる通貨は限られています。米ドル、ユーロ、円に、英ポンドが加わるくらいで、後の通貨はぐっと劣ります。何が劣るのでしょうか。流動性です。「買ったはよいが売れない」では投資物件としてはふさわしくありません。危険なのです。大量の売り物でも簡単にさばける流動性が必要なのです。

流動性は、資本市場の大きさと開放度の積に相当程度比例するといえます。その意味でドルの流動性は今のところ、他の追随を許していません。ユーロは域内通貨という排他性によって、世界通貨としての役割を担うには大きな矛盾をはらんでいます。彼らの意味する開放度とは域内での開放度であって、世界中のどの国にも均等に開かれているわけではないのです。

個人にとっても同様です。ドルは世界中で使えます。観光地はもちろん、冷戦下のかつての東側の諸国でさえ、ドルは闇で立派に通用していました。ドルはどこでも通用するのです。ドルは安全なのです。おまけに多くの商品がドル建てで取引されますから、ドルの購買力は安定しています。

私はインターネットの普及が、英語とドルの覇権をさらに助長していると思っています。規制の少ない世界では、合理性が優先するでしょうから。

しかし、仮にドルがほかの通貨と自由に交換できなくなれば、ドルの魅力はなくなるでしょう。実は私たちはドルを信じているというよりも自由な通貨交換のシステムを信じているのです。ドルは流動性の象徴なのです。

【自由な通貨交換のシステム】完全変動相場制のこと

23 流動性でつまずいた人たち

相場の売り買いで、最も留意しなければならないのが、この流動性です。思いつきで売り買いした商品や通貨が流動性に欠けていたなら、とんでもないリスクを抱え込んだことになります。流動性リスクは、個人投資家やディーラーが取れるリスクの許容範囲を超えています。

流動性の欠如が原因で、破綻にまでつながった例は数多くあります。古くは、94年に起きた米国のオレンジカウンティの破綻、95年の英国のベアリング証券の破綻。また、06年には米国のヘッジファンドのアマランスが巨額の損失を出して破綻しています。いずれも前もってそのポジションを覗けたなら、評価損が膨らむ前からその破綻は予測できたことでしょう。オレンジカウンティは投資した商品の質の特殊性によって、ベアリング証券やアマランスは商品の量の特殊性によって、流動性を失っていたのです。彼らは売るに売れない質の商品、売るに売れない量の商品

【質の特殊性による流動性の欠如】オレンジカウンティは金利低下時に急激に価格が上昇する「ジャンプZ」という商品を保有していたようだ

を抱え込んでいました。

例えば、ある人が、自動車が趣味で、改造車を買ったとします。排ガス規制など環境対策や安全性など無視して、ひたすら速い車を追い求めます。航空機のエンジンを積み、特殊な金属ともセラミックスともつかないボディを持つとします。走ることだけ考えて、止めることを考えていないこの車の評価価格は、どのようにして算定するのでしょうか。エンジンがいくら、タイヤがいくらと素材や部品だけでいくらいくらだから、評価価格はこれぐらい。希少価値を考慮すれば、これぐらい上乗せした価格はつくはずだ……。

ところが相場環境が良いときですら、その車を欲しがっていたのは彼一人だったとすると、環境が悪化したときにいったい誰が買うのでしょうか。「正直言ってこの車、速いけど乗ったら死ぬよ」。つまり、これは改造車という名の欠陥車なのです。故障したらパーツもありません。こんなガラクタに大金を積むのは彼しかいないのです。これを質の特殊性による流動性の欠如と呼びましょう。オレンジカウンティはこれでやられました。

量の特殊性では、多くの人が被害を受けました。途上国ファンドです。小さな市場に大きな資金をぶち込みます。当然相場は上昇し、その評価価格をもとに配当が

【量の特殊性による流動性の欠如】市場での影響力と流動性は裏腹の関係にある

なされます。ファンドの購入者なら、ここで売り逃げた人だけが勝ちです。評価価格が上がったなどといっても、基本的に買い手ははなからそのファンド1人なのです。

自分以外の買い手がいない市場での評価益など、無意味に等しいといえます。その評価益を確定しようと売りに出て、初めて事の重大さに気づくのが「落ち」です。ベアリング証券は円物の先物市場で売れないほどのポジションを抱え込んでしまいました。アマランスは天然ガスの先物です。銀市場でのハント兄弟、ロシア危機、アジアの通貨危機など、すべてこの量の特殊性による流動性の欠如で失敗しています。

また、それほど特殊ではないにしても、バブル後の日本の不動産市場のように、流動性の欠如から損失が膨らんだ例は枚挙にいとまがないのです。

【アマランス事件】06年9月、90億ドル超の資産を運用していた米ヘッジファンド、アマランス・アドバイザーズが、天然ガス価格の急落で60億ドル以上の損失を出した事件

24 流動性の落とし穴

リスク管理の観点から、時価評価が義務づけられています。

私は仕事柄、その日の引け値で評価される生活をずっと続けてきましたので、時価評価の大切さは十分に理解しています。しかし同時に、時価評価というもののうさん臭さも承知しています。なぜなら評価損益は、絶対的な流動性が保証されて、初めて機能するからです。ところが相場での出合は売り買い一対一で初めて成り立ち、すべての売り手が常にその買い手を見つけるのは構造上不可能です。売り手と買い手とが同数で初めて取引が成立するということを冷静に考えれば、買い手と同数以上の売り手は存在できないということです。すなわち、半数の人に買い手にまわってもらって、半数の人が売れるのです。すべての人が売りたくても、最大で半数の人しか売れないのです。

絶対的な流動性などありえません。その意味では時価評価なども、暗黙の了解の

【引け値で評価される】その日の実現損益に残ったポジションの評価損を加えて評価する

うえに成り立った作りごとなのです。ある程度当てにできるのは、主要通貨と、日米の国債、一部の大型ユーロ建債ぐらいでしょうか。商品によっては時価評価など全くの絵空事にすぎません。

より正確な評価損益を計るには、流動性の掛け目を導入する必要があるでしょう。主要通貨や日米の国債を１００％とするなら、株式や不動産、仕組み商品などを大量に評価する場合は、だいぶ低くなります。特殊な質や量の資産を評価する場合には、細心の注意が必要です。私は絵に描いた餅のような莫大な評価益で、相応に大きなボーナスを現金で引き出したディーラーやファンドマネジャーを何人も知っています。売れないような商品と現金の流動性を同じものとして扱った結果でしょう。

流動性は、半ば暗黙の合意のもと、多くの常識人によって支えられています。市場というシステムを利用する人が、参加することによって、市場に流動性を与えているのです。マーケットメーカーは、流動性の提供を生業としています。投機筋は、実需で偏りがちな相場に、思惑で売り向かったり、買い向かったりすることで、流動性を提供します。

金融商品の価値も、それを保証している流動性も、相対的なものです。皆さんは

【時価評価】現時点の価格で損益を評価すること

それをむやみに信じてはいけないのですが、むやみに否定してしまえば、事を始めることができません。人は必ず死にますが、明日は生きていることを前提として、多くの「事」が始められます。

しかし平和な日本と、人口の何％もが戦禍や飢餓、病気などで死ぬ国とでは、生命のリスクに差があると認めざるを得ないように、流動性にも危険なものと、危険とは見なさなくてもよいものとがあるのです。

相場観が当たっても、流動性がなければ、大損してしまうこともあります。流動性にはくれぐれも注意を払ってください。

奇をてらわずに地に足を着ける。私たちが狙うのは奇ではなく、機なのです。

25 「見越し売買、堅く戒む」という教え

「見越し売買、堅く戒む」

相場で勝利を得るには、方向が確認されてから動け、思いつきや思い込みによって売り買いしてはならない、という先人の教えがあります。

実のところ、売り買いの指示を出すテクニカル指標は、どれもこの方向確認に工夫を凝らしています。価格は波動を伴って動きますが、どこが波の頂点でどこが底かを見極めるのは至難の業です。したがってそういった指標では、天底の何分何割かはフィルターとして捨て去り、方向確認のあとに実の部分だけを取ろうとするものが多いのです。例えば、新値三本足は新値更新の3回分を逆にゆけば方向転換の指示とみなします。ポイント&フィギュアは普通、3単位（10銭1単位なら30銭）逆にゆけば転換したことになります。そして直近の安値高値を更新したときに、売り買いの指示をだします。移動平均系のものは短期線が中長期線を横切ったときに

【フィルター】タバコのフィルターのように吸わないで捨てる部分

指示をだします。

こう書くと非常に単純ですが、実際の相場で応用するとなると、これがなかなか厄介なのです。

例えば、すべてのテクニカル指標の半分ぐらいを占める大勢力の移動平均系（私はオシレーター、ＲＳＩ、ストキャスティックスなどもここに含めています）を例にとると、データを取る期間を短くしたり、より直近の価格に大きなウエートを置いたりするような操作をすれば、価格変動により敏感になります。結果として、さほど大きくない価格の揺れにも方向転換の指示を出してしまいます。指示どおりに売買すると、往復ビンタを食らうこともまれではありません。

逆に期間を長くとると価格が反転してしばらくしてもまだ指示を出さないということが起こります。やっと指示が出たときは、実の部分がほとんど残っていなくて、まもなく再反転してしまう場合も多いのです。しかも、このときの反転の指示も遅れるので、損切りのタイミングを逃すはめになります。

価格と出来高の関係や、建玉の量、騰落レシオ、プット・コール・レシオ、マージン・トレードの比率などは相場の状態を表しており、それ自体は相場の方向を語るものではありません。


【往復ビンタを食らう】売りでも買いでも両方やられてしまうこと

一方、一目均衡表のように完成されていて、基本的には各自が勝手に変更を加えることができない指標は、それを信じるか信じないかが問われることになります。

テクニカル指標にとっての永遠のテーマは、つまるところ、すべての相場の参加者のテーマなのです。方向が確認されてから動けなどといわれても、どう確認すればよいのか、実はだれにも分かりません。見越し売買の危険性と、方向確認済みと思い込んでの売買の危険性との間には、本質的な差異はないのです。理論価格も夢や星のお告げも、あてにならない点ではあまり変わりがありません。

経済のファンダメンタルズ、テクニカル分析、値ごろ感や値覚え、夢や星のお告げ、他人の意見、思い込み、見越し。それらはすべて、相場に入るきっかけです。きっかけは多いほど良いのです。相場はポジションを取ってなんぼの世界。見越し売買、おおいにけっこう。リスクは避けるものではなく、うまく管理すべきものなのです。

【一目均衡表】ローソク足をベースに５本の補助線（基準線、転換線、遅行線、先行スパンＡ、先行スパンＢ）のからみで相場の均衡をひと目（一目）で知り、その強弱を判断する。「相場は値幅（株価）よりも時間（日柄）が重要」という思想があるようだ

26 相場に聞くということ

相場のことは相場に聞けとは、よくいわれる言葉です。「一所懸命、値動きを追っかけていけば、相場はおのずから問う者に心を開き、その方向を指し示してくれる」ともいわれます。ベテランと呼ばれる人たちのなかには、このようなわけの分からないことをいって若者たちを煙に巻き、ひとり悦に入る人もいます。意味するところは、己の自我を捨てて謙虚に相場に臨めくらいのところでしょう。

市場は常に正しいともいわれます。確かにあるがままの状態を受け入れることは大切です。しかし、市場価格にも原因があるから結果があるのです。あるがままを「正しいから」と受け入れるだけでは、次の動きが読めません。もっとも私は、市場価格はほとんどの場合、歪んでいると見ています。相場は常に行き過ぎ、行き過ぎては戻り、今度は戻り過ぎてしまうものなのです。したがって、より正確には、市場は正しいものを求めて、右往左往しているといえます。

相場に入るには相場観が必要です。「だからこうなる」というシナリオが必要です。テクニカル指標を見る人は、値動きのパターンから相場の動きを予測します。重要なのは、それがいかに完全無欠、鉄壁のシナリオに思えようとも、しょせんは仮説の積み重ねであると自覚しておくことです。

私たちは、実にさまざまな物語に取り巻かれています。断片的に与えられる事実を、想像力の助けを借りてひとつの筋道の通る話にまとめ上げ、それを発展させて将来の動きを探っています。

あるニュースが事実か噂か。人気や市場心理、他人の相場観。テクニカル分析。ファンダメンタルズ……。すべては、よりもっともらしい完璧な物語を作るうえで重要です。しかし、「第一章03　見ているものが違う」の項でも述べたように、その材料となる事実も、どこまでが事実であるかは、実に曖昧なのです。また、これこそは正真正銘の事実だと思われることですら、ある一定の条件の下でのみ当てはまる事実であって、その前提条件が通用しなくなれば、いつまでも事実と呼ぶことはできないのです。

エコノミストが将来の景気予測をたてるときも同様です。彼らはある与えられた条件をもとに、方程式を解くかのように仮説を積み重ねてゆきます。もちろん、基

【テクニカル分析】指標によって、相場の状態を示したり、先行きを予測すること

礎となる条件の「ぶれ」に対しては、相応の「ぶれ」の範囲を予測のなかに組み入れてはいます。しかし、条件そのものが崩壊するようなリスクに対しては、「そのようなことが起こったのなら仕方がない」と許されることになっているのです。

相場の世界で相場観がよいと自他共に認めているような人が陥る落とし穴は、その仮説が完壁に近く思えるために、半ば事実と錯覚してしまうことです。ここでも「あんなことは誰も予測しえなかった」などという言い訳が用意されています。

しかし相場の世界には、どんな言い訳も許されない現実があります。それは、価格です。目の前にある価格は、逃れることのできない、厳然たる事実なのです。市場というシステムを利用し、決められたルールに従って収益を上げるという前提条件を受け入れるかぎり、価格が示す現実から目をそらせてはなりません。その意味で、市場は常に正しいのです。

相場のことは相場に聞けとは、現実を直視しろということなのです。現実を受け入れて対策を練ることによって、相場の方向が見え、何をなすべきかが分かるということです。相場と歩調を合わせるように努めましょう。自分が相場と一体となったイメージを持ち、そこから何が見えるかを考えるようにします。自分の升で相場を計ってはなりません。

27 相場の節目を見過ごすな

相場には節目というものがあります。前回の大相場の起点、終点となった安値、高値。大きなトレンドラインを形づくる支持線、抵抗線。心理的に区切りとみなされる100円や1000円、パーバリューなどというレベル。これら大きな節目のほかにも、戻り高値や二番底など、かつて相場の転換点となったレベルは、すべて何らかの節目であるといえます。

ドル円の100や債券のパーである100は心理的な区切りとはいえ、その近辺で落ち着いてしまえば、もはや節目とは呼べません。同様に前の高値、安値の近辺でも、その辺りのトレードが続くようなら、そこが節目となった時期は通り過ぎたといえます。すなわち、サイクル的に久しぶりに巡ってきた重要なレベル、そこを節目とみなすのです。

節目では、ぜひ動くようにしてください。たとえ小さく思えた節目であっても、

【パーバリュー】債券の償還価格。100のこと

相場のほうが手掛かりを与えてくれていると解釈し、何らかの手を打っておくことが望まれます。

買ったあとに上昇した相場が前の高値などの節目に到達したなら、とりあえず一部だけでも利食っておきます。そこで反転したなら残りを利食い、抜けたならもう一度買い直します。節目で一部だけでも利食うことによって、次の手が機動的に繰り出せるようになるのです。

新しくポジションを作る場合も同様です。相場の下落が続いて、前の安値近辺まで落ちてくると、さすがに底抜けするのではないかとの不安心理が市場を支配します。本当に底抜けするかもしれません。恐ければポジションの一部だけを使えばよいのです。フルポジションでやりたいのなら、タイトなストップロスを入れねばなりません。下抜けするのか、二番底となりそこを起点に反発するのかはだれにも分かりません。だからこそ損切りオーダーで身を守りながらも、果敢に買って出る意味があるというものです。

節目で動かないと後の展開に響いてきます。

例えば、前の安値まで相場が下落してきたとします。ここが節目だと思いつつも、手がでなかったとしましょう。そのあと相場が急反発し、結果として二番底を形成

【ストップロスオーダー】損失が膨らまないように反対売買するためのオーダー

したら、しまった、買えばよかったと思うでしょう。しかし相場とは恐いもので、二番底で反発したあとは抵抗線の手前など、買いにくいレベルまで上がってしまうものなのです。ここで買えるなら節目で買っていたことでしょう。

また、前の安値を素通りして続落したとします。節目と思いつつも手を出さなかったのは幸いではありました。しかし、このような展開になると彼は弱気となり、その次の節目でも手が出ないものです。何のことはない。市場心理に追随して自分も弱気になってしまうのです。

節目とは相場のほうから与えてくれる手掛かりです。メリハリをつけ、果敢に行動しましょう。

【二番底】一度底入れして上昇した価格が再び反落し、一度目の底値付近で、再度底入れして上昇に転じて形成される値動きのパターン。ダブルボトム。一般に底入れの確認に使われる

28 大底をさらう

相場が底なしの様相を呈している。市場参加者が総悲観となり、買い手がその手を引っ込める。もうすでに相当下落しているのにもかかわらず、さらなる下落のシナリオが用意され、これでもか、といわんばかりに悪材料、悪いニュースが取り沙汰される。このようなときを「陰《いん》の極《きょく》」といいます。

価格は波動を描いてすすみます。目先の乱高下を超えたところに、トレンドがあります。下降トレンドがしばし続いて、何年か前の安値を更新し、さらなる急落を迎えました。悪材料には事欠かず、ぎりぎりまで強気でいた人たちもが、弱気に転じます。まさに陰の極でしょう。

「ボトム・フィッシング（Bottom Fishing）」という言葉は、このようなときのためにあります。買われた相場は売られ、売られた相場は買われるのです。下げ相場の前には上げ相場があったはずです。上げのときは楽観し、下げになると悲観する。

【Bottom Fishing】底値で買おうとすること

人とはそんなもので、意見を聞くには価しません。チャートを調べ、節目節目で買いの手を入れてゆくのです。恐れるには及びません。損切りさえ忘れなければ、それ以上に損は膨らまないのですから。

価格は波動をもって動きますから、トレンドに沿った売り買いが、必ずしも安全だとはいえません。方向があっていてもささやかな揺り戻しによって、ストップアウト（損切り）させられることなどは、日常茶飯事です。一方、トレンドに逆らった売買が、必ずしもより危険だというわけではありません。リスクの大きさは流動性に問題がないとすれば、損切り幅に置き換えられます。つまり、大底が抜けてやられても50銭。上げ相場でのたった50～60銭の揺り戻しにやられても50銭。同じリスクなのです。

相場は勝負事です。人と同じことをやっていては勝てません。元来、孤独なものなのです。恐いからこそ、儲かるのだといえます。市場心理が偏っているとき、そのポジションも偏っていることが多いのです。弱気だから下がるというよりも、下がったから弱気になった。弱気だから売りがでるというより、すでに売っているから弱気になった。そういった場合が多いのです。問題はそこから先です。底値なんかで売れない、と頑張っている人が多いうちは、まだ底値ではありません。もう売

【ストップアウト】損切りオーダーが執行されること

れないほどに売り尽くして、さらにショートが相当積み上がってきて、初めて相場は反転します。陰の極とは弱気の極みであり、下げ相場のどん詰まりの行き止まり、すなわち、大底です。底入れ近しなのです。

相場は人気といわれます。皆が望んだほうに動くものなのだと。そんな市場心理に逆らって、ひとりで世間に立ち向かうのはつらいものです。しかし、自分で判断し、自分に納得のいくディーリングを心がけていると、大底をさらうことも可能となるのです。

29 窓埋めの神秘

相場の神秘のひとつに窓埋めがあります。

ある日の取引が終了し、翌日の寄り値までの間に市場に大きな影響を与える出来事が起こると、相場が取引されない空白の価格帯を作って上昇（下落）することがあり、ローソク足などでは当日の引け値から次の日の寄り値にかけて連続性のない空白が出現します。その、値の付かなかった空白の価格帯を「窓」と呼びます。

窓を空けて急落した相場は、どこまで下がっていようと戻ってきて、空白の価格帯を塗りつぶすことになっています。これが窓埋めです。そして、窓を埋め終えると再び下落するので、窓埋めは戻り売りの急所とされています。上昇時に窓ができていたなら、窓埋めは押し目買いのポイントです。押し、戻りは空までともいいます。この「空」と窓とは、同じものです。

なぜ、戻ってくるのでしょうか。相場の世界はリスクとリターン、生々しい日本

【押し／戻り】押しは上昇トレンドでの一時的な下げ、戻りは下降トレンドでの一時的な上げのこと

語に意訳すると、恐怖と欲とが綱引き合う修羅場だといえます。市場参加者は皆、程度の差こそあれ、一種の興奮状態に置かれています。そこでは恐怖感と強欲とから、噂が真実となり、ささいな事柄が増幅されて、新たな恐怖と欲を生むのです。そんななかでプロの連中は努めて冷静であろうと、価格の変化に惑わされずについてゆこうとしています。彼らが一番恐れるのは、流動性の欠如です。値が飛ぶことなのです。窓の空いた空白の価格帯では、どんなに冷静でいようが、パニクっていようがおかまいなく、だれも何もすることができません。

ようやく値が付いて最初に来るのは、ストップロスの嵐です。新しくポジションを取るストップエンターの場合もあります。これら一種のシステム売買は、どちらもある値幅以上に価格が動いた場合に、自動的に施行されるオーダーです。これによって相場は同一方向に、さらに値を伸ばします。ディーラーたちがいかに冷静であろうと努めても、実際に起こる一連の行為は、パニック状態なのです。平常時には起こりえないことが、このようなストップオーダーなどによって演出されてしまいます。もちろん、ここに提灯をつけたり、尻馬に乗ったりする連中もいます。

最初に同一方向に値を伸ばす前述のような動きがでて、次に来るのは値を押し戻す動きです。相場の方向にアゲインストであった人たちのポジション整理(損切り)

【ストップオーダー】例えば、抵抗線を抜けると相場が急上昇するとみて「そこまで上がればショートを買い戻す」というストップロス（損切り）オーダーや「新規にロングを作る」というストップエンター（仕掛け）オーダーが考えられる

が一段落すると、今度は利食いの嵐となるのです。他人のパニック状態につけ込むのは、相場に限らず勝負の鉄則でしょう。いわば相手は勝手に転んで、自ら負けた状態になっています。利食えるのです。ここでは損切らなかった人がコストダウンを狙ってポジションを膨らませる「なんぴん」も出てくるでしょう。損切った人の仕切り直しもあります。逆に突っ込んで売り過ぎた人の損切りも出てきます。相場は戻しを迎えるのです。

戻りを売る人、押し目を買う人。いろいろな思惑が絡んで、ひとしきり荒れてしまうと、そのうち相場は冷静さを取り戻します。そして荒れていた時間が長かろうが短かろうが、冷静であったころのレベルまで戻るのです。空白を取り戻し、窓を埋めるのです。

ひとたび冷静さを取り戻すと、今度は窓空きの要因となったものに冷静に対処する必要を見出すことでしょう。それだけの動きには、根拠があったはずです。ポジションを作り直さねばなりません。押し、戻りは空まで。窓埋めは戻り売り、押し目買いの急所となるのです。一理のある解釈だと思います。

ところで、本当に窓埋めは神秘なのでしょうか。

１００％そのように動けば、なるほど興味深い事実です。しかし、実際にチャートで検証してみると、ときに窓埋めは戻り売り、押し目買いの急所ではありますが、窓を埋めなかった場合、窓を埋めたがいいがそのまま突っ切ってしまった場合、窓が節目にもなりえずに何度も往復される場合と、いかにも相場は複雑です。そのときのポジションの状態によって、展開が変わってくるのは当然だともいえるのです。

ひとことで結論を述べるなら、トレンドに逆らう形でポジションが膨らんでいった窓開きは、埋められます。反対に、トレンドに沿ってポジションが閉じられていく窓開きは、埋められないと理解してよいでしょう。

いずれにせよ、窓は一種の異常事態です。少なくとも、埋められるまでは記憶されてしかるべきだと思います。これも相場の節目なのです。

30 荒れ相場のリスク

荒れ相場はプロ向きの相場です。とはいえ、相場の動きがあまりに激しいと、百戦錬磨のディーラーですら、腰が引けることがあります。ところが、動かない相場でディーラーができることは、限られているのです。

乱世に利あり。

荒れ相場こそが、ディーラーの収益機会です。ポジションテイカーが待たずに収益を狙いにゆける絶好の仕事場なのです。私たちの仕事はポジション持ってなんぼ、動いてくれてなんぼです。静かな相場でやられるのも、荒れた相場でやられるのも値幅が同じなら、同じ「やられ」です。しかし、静かな相場でやられたなら取り返しがききませんが、荒れた相場でなら何度でもやり直しの機会があります。大きな値幅も期待できます。流動性さえ保たれていたなら、むしろリスクは小さいのです。

【ポジションテイカー】会社の資金を運用して収益を追及する専門家

ポジションテイカーには利食いと損切りの値幅を少なくとも2対1に保ちたいという思いがあります。利食いと損切りの値幅が一対一で、勝ち負け五分五分の確率だと、全く収益が上がらないと考えます。プロとしてさまざまなコストを背負ってやっている以上、負けなければよいなどというものではありません。確実にある一定以上の収益を上げ続けなければならないのです。そのためには、攻めもすれば待ちもします。

ところがレンジのない動かない相場では、この2対1に保つことがかなり苦しくなります。結局、レンジぎりぎりの所での売り買いを狙うことになるのですが、簡単にはそのレベルに来てくれません。

待って待って待ちくたびれて、中途半端に手を出すと、利食える値幅まで動いてくれないでしょう。待たないで少しの値幅でも狙って動くか、待つならとことん待つしかないと分かっていても、待ちきれない。そんな日が1カ月、2カ月と続くと、収益のプレッシャーと機会利益を失うことの恐れに、小人閑居しての手持ちぶさたとが相まって、思わず手を出してしまうのです。動かないときにこそ私たちはその忍耐を試されるといえます。

ポジションテイカーが最も欲しいものは値幅です。損切りのコストを補ってあまりある値幅さえあれば、勝負ができます。１日のうちに上下に何往復かしてくれる相場はまさに理想的です。その意味でも各商品のマザーマーケットは、優位を保っているのです。

　荒れる相場には材料があります。しかしその材料は、必ずしも大きな意味を持ちません。相場が荒れているときは、実需を含めた参加者が動揺しているときです。相場の転換点でなくとも、ポジションを持つことを嫌がっている、恐がっているときなのです。そんなときこそ、プロが相場に入る絶好の機会です。そして私たちの参加こそが市場に流動性を与え、緩衝材となって、結局は相場の安定に寄与することになるのです。

31 アンテナを高く

あらゆる戦い、事業、勝負事において情報が大きな意味を持つことに、異論を唱える人は少ないでしょう。相場においては、言うまでもありません。

インサイダー情報として利用するのがはばかれるものも含めて、ある情報を素早く手にしたことによって、巨額の富を得たという話は、枚挙にいとまがありません。しかし情報とは、そのような特殊なものばかりが重要なのではなく、むしろ一般的な当たり前の情報が、日々のディーリングではより重要であるとさえいえるのです。

朝一番に、東京市場ならニューヨーク、ロンドン市場ならアジア、ニューヨーク市場なら、東京、ロンドンといった時間的に先行する市場の情報を取ることは重要です。自分が眠っている間に世の中でどのようなことが起こり、皆がどのように考え反応したか、そしてそれが値動きにどのように反映されているかを知ることが大

【インサイダー情報】株価に影響をもたらすような重要な内部情報のこと。会社の役員などが特別な立場を利用して、こうした未公開情報を入手し、株式などの売買で利益を出されると、証券市場の公正性・健全性が損なわれるおそれがあるため、証券取引法で規制されている

事なのです。何も起こらなかったのなら、何も起こらなかった。そして値動きもほとんどなかったと確認することも重要です。

相場は流れです。過去から現在への流れを分析することによって、相場の未来が占えます。ところが一晩中起きて相場を見ているわけにはいきませんので、昨日の夜とぎれてしまったその流れを、情報の助けを借りて想像力で補い、今日の相場につなげてみるのです。そうして始めて、今後の動きに対してのビジョンを描くことができるようになります。前の市場が残していったオーダーの有無とその位置を知ることも、日々のトレードの助けになります。

通常の売り注文が厚い場合は、相場が上昇してもいったんはそこで止まります。2度目で止まるかどうかが面白いところなのです。したがって、その注文の有無を知るか知らないかでディーリングの仕方が変わってきます。仮に注文の有無を知らなかったとすれば、最初に上がった時点ではとりあえず様子を見てしまい、2度目に上がってきたときに、前の高値を抜けないと判断してはじめて売ることができます。一方、注文の存在を知っていたなら、最初の時点で抜けないとみて売りに出られるのです。2度目に上がってきたときにも、前の高値を抜けないと判断できれば売ることができます。情報の有無で一往復分の収益機会が違ってきます。

【クリティカルな場所】値動きの節目となるところ

また、損切りオーダーというのはチャート上の抵抗線、支持線、言うなればクリティカルな場所のすぐ外側に置かれることが多いために、抜けたとき、動く方向にポジションを作るときの大きな判断材料となります。その情報があれば、「支持線を抜けたら売りがでるだろう」の読みではなくて、どれだけの売り物が出るかあらかじめ知っているといえます。

またオプションの行使価格が集中しているあたりでは、その攻防をめぐって大動きすることがよくあります。そのときその情報がなければ、何が起こっているのかさっぱり見えない恐れがあります。

次にその日の抵抗線、支持線を含めて、市場のコンセンサスを探ることです。自分には自分なりのチャートポイントがあり相場観があるものですが、世の中の人がどう考えているのかを知ることは非常に役に立ちます。それによって自分の相場観に穴を発見したり、補強したり、あるいは市場のコンセンサスに穴を発見してそこをついたり、利用したりできるのです。

大きな経済指標が出る際も、市場のコンセンサスを知ることなしに相場に向かうのは危険です。市場がどこまでその指標の数値を織り込んでいるかを調べねばなりません。なぜなら、市場はその経済指標の絶対値の高い低いでなく、また前月（前

【オプション】特定の期日（ヨーロピアンタイプ）または特定期間内（アメリカンタイプ）に契約対象物（原証券と呼ぶ株式や債券、通貨）を特定の価格（行使価格）で売買する権利。その契約商品。買う権利（を持つ契約商品）を「コール」、売る権利（を持つ契約商品）を「プット」と呼ぶ

年同月）比の高い低いでもなく、市場のコンセンサスをゼロとして、それよりも高いか低いかを問題とするからです。自分なりの判断で勝手に動いても、市場では織り込み済みと相手にされないことがよくあります。

情報を取るという作業は、世の中の動きを模索する仕事と言い換えてもよいでしょう。そのなかで今の相場の位置がどこにあるか、どちらを向いているのか、どちらに行くべきなのかを探っていくのです。そのためには、その情報が正確か、利用する価値があるかなど、情報を吟味する力も養わなくてはなりません。

例えば、大きな売りは外資系の証券や銀行に持ち込み、大きな買いは日系に持ち込むという投機家がいました。株式市場での外資の大量の売り物は、売り仕掛けや裁定取引を連想させますし、為替ではドル売り、円買いとなり、外人買いを連想させます。また、日系の大きな買い物は、機関投資家の株式や外債投資を連想させるといえるでしょう。この場合に外資が売っている、日系が買っているという情報に単純に反応したのでは、くだんの投機家の術中にはまることになります。情報を鵜呑みにしてはならないのです。

情報を吟味する力が身に付くと、細かな情報に一喜一憂しなくてもよくなってきます。ある情報のなかに、語られていない情報を読むこともできるようになります。

【裁定取引】アービトラージ。市場間、銘柄間などの価格差を利用して利益を上げようとする（割安を買い、割安を売る）取引。両者の価格差（スプレッド）が通常に戻ることをもくろむ

幅広い知識や経験があると、小さなヒントでも、なかに潜む本質を感じることができるのです。しかし、そういった感性や能力も、常に磨いていなければ曇ってしまうでしょう。

また、相場には難しい時期と、やりやすい時期とがありますが、視野を広くアンテナを高くしていると、主要市場が難しいときでも、やりやすい市場を見つけることがあります。通貨の取引などは、特にそうです。ドル円やドルユーロなどの主要通貨の取引の動意が薄くなっているからといって、すべての通貨の動きが鈍くなっているわけではありません。世界中を見渡せば、どこかの国が固有の問題を抱えていたり、大きな選挙があったりするものです。流動性を十分に考慮し、さほど問題がないと判断できれば、積極的に関与してみたいものです。

【動意】相場に入る動機付けのこと

32 オープンインタレスト

オープンインタレストとは、先物市場やオプション市場にある建玉、すなわち市場に残っているロングポジション、ショートポジションの総数です。といっても、一対の出合には売り手と買い手の双方がいるだけで、ロング、ショートと明記されているわけではありません。

目先の相場を読むということは、ポジションの偏りを読むことです。ロングなのかショートなのか。膨らみつつあるのか、減りつつあるのか。膨らみつつあるのなら、その速さ、その規模。こういったことを知るのに、顧客の動向とともに、オープンインタレストの量も、役に立ちます。

相場を動かす力は、ポジションの量と、その保有期間です。量は大きいほうが、保有期間は長いほうが、より大きな力を発揮するのは言うまでもありません。トレンドはポジションの量ではなく、保有期間の長さによって決定されます。つまり、

【オープンインタレスト】建玉残高。市場に残っている売り買い一対のポジションの総数。取組高

どんなに大きな量を買っても、その日のうちに売り戻してしまったなら、明日の相場に与える力はないのです。明日につながる力の方向を、トレンドと呼びましょう。

　例えば、先物市場で1日に100単位の出合があったとします。ほとんどはローカルズと呼ばれるトレーダー同士の出合でしたが、うち5単位は、実需の顧客が買ったとします。これで明らかになるのは、この日の終わりの時点で、市場は新にネット5単位のショートを得たということです。顧客の買いは実際の需要となってロングポジションを残しませんが、売り向かったトレーダーにはショートポジションが発生するからです。これは明日の市場に引き継がれます。個々のトレーダーのポジションなどに関心を持つ必要はありません。前日までのポジションを除外するなら、市場はネットショートなのです。

　オープンインタレストで分かるのは、建玉の大きさだけです。とはいえ、価格が上昇してゆく過程で急激にオープンインタレストが増えていったとすれば、市場にはロングポジションが膨れつつあると推測できるでしょう。

　高値圏で横ばいになっているときに、オープンインタレストが下がっていったなら、ポジションが軽くなっているにもかかわらず、下落しないということです。こんな相場はもう一段の上げがあるかもしれません。買い余力ができてきています。


【ローカルズ】先物取引所の立会場で自己勘定の売買をするトレーダーたち

高値圏で横ばいになっているときに、オープンインタレストが上がっていったなら、考えられる原因は二つあります。

①高値圏ゆえにショートを振っているのだが落ちない。
↓これはいずれ踏み上げさせられるでしょう。

②依然としてロングを積み上げているのにかかわらず上がらなくなってきた。
↓これは急落します。

オープンインタレストとは建玉、つまり市場に残っている売り買い一対のポジションの総数なのですから、ショートだとかロングだとかいうのは奇妙に聞こえるかもしれません。この場合に問題としているのは、ローカルズなどトレーダーのポジションなのです。ここでも大事なのが、顧客の動向です。

①の場合は、投資家が高値圏で腰をあげ、大量に買いにきたのです。トレーダーはショートで売り向かっています。資産の裏づけのある投資家はポジションを長く保有できます。一方、トレーダーは価格が下がってくれないと、いつまでもショートを持っていられません。踏まされてしまいます。

②は、長期保有の顧客売りが高値圏に並んでいる場合です。トレーダーのロングは積み上がってきています。顧客の売りはロングのはずしですから、市場にショートが増えるわけではありません。すなわち、顧客のロングの転嫁によって市場はトレーダーのロングでパンパンとなり、持ちこたえられなくて投げがでます。

このように、実需筋の顧客動向を知ることによって市場のポジションが推測でき、次の動きが予測できるのです。

実需が長期にわたるトレンドを決めます。

そのトレンドの軸から遠ざかるには、投機筋はポジションを膨らませなければなりません。オープンインタレストは上昇します。膨れ上がったポジションはいずれ小さくなります。とくに、ぱんぱんに膨れ上がったポジションは急激にしぼむのです。はじけるという感じです。オープンインタレストは急低下し、価格はトレンドの軸に鞘寄せします。相場はここでは終わりません。今度は逆方向に振れ出すのです。再びオープンインタレストは上昇しますが、今度は前とは逆のポジションが膨らんでゆくのです。

33 三つのリスクを理解する

相場のリスクは基本的には見えたリスクです。リスクは大きく分けて、三つに分類できます。

ひとつは通貨や金利、株価、商品、それらのデリバティブなどの価格変動のリスクを意味するマーケットリスク。途中償還条項付きのコーラブルの債券や、住宅ローンを下敷きにしたモーゲッジバックド・セキュリティーズ（ＭＢＳ）、自動車ローン、消費者ローンなどを下敷きにしたアセットバックド・セキュリティーズ（ＡＢＳ）といった債券の、期限前の償還リスク。類似商品間のスプレッドの伸縮を問うベーシスリスクや、金利商品の価格に置き換えられるインフレリスクなどがこれに含まれます。

二つ目は投資物件の安全性、信用度を問題とするクレジット（信用）リスク。株式や債券の発行体が潰れないか、元利金が回収できるかを問うリスクです。買った

【コーラブル】債券の発行体が、あらかじめ定められた期間、価格で期限前に償還できる条件（コールオプション）「途中償還条項」のこと

【モーゲージバックド・セキュリティーズ】MBS。住宅ローンを下敷きにした債券

証券が無事に受け渡されるか、あるいは換金した現金がきちんと口座に振り込まれるかを問うデリバリーリスク、常に正常な価格での売り買いが可能かを問題とする流動性リスクなどもこれに含まれます。国家そのものの信用を問うカントリーリスクも当然ここに含まれます。この第二のリスクは、事前にある程度見えているリスクですから、高利回りなどに惑わされず、慎重に判断しましょう。

三つ目はイベントリスク。予期せぬ突発的なことが起きるリスクです。突然の吸収合併や不正の発覚、大きくは戦争、革命、国交断絶などで証券の価格が大きく変動する、もしくは紙切れ同然になってしまうリスクです。当初考えられなかった税制の変更や規制の導入、廃止なども、金融商品の価格を劇的に変えてしまいます。この第三のリスクには分散投資で対応するしかなく、そこに投資をした部分については、なかなかヘッジできません。旅行先の国で予期せぬ革命が起こり、帰国できなくなったようなものです。交通事故なども同様です。これはあらかじめ備えておくことが、事実上不可能なリスクなのです。それこそプレミアムを払って、保険にでも入るしかありません。政治システムの違う国、最近まで違っていた国は要注意ですが、クレジットリスクを超えては、あんまり深く考えないほうが現実的です。

相場で私たちが通常問題としているのは、基本的にはマーケットリスクです。マー

【アセットバックド・セキュリティーズ】ABS。消費者ローンや自動車ローンを下敷きにした債券

【ベーシスリスク】現物と先物との価格かい離のリスク

ケットリスクを軽減する最良の方法は、投資額を減らすことや、デュレーションを短くすることです。すなわち、期待するリターンを最小にすることです。やらねばやられないのです。しかし、それではマーケットリスクはなくなっても、やらないことのリスクを背負い込むことになります。進むことにだけリスクはあるのではなく、立ち止まることのリスクも大きいのです。

年金の資産配分などでも、プロに任せるとリスクがなくなると思うのは間違いです。同じ車に乗っていながら、運転席よりも助手席のほうが安全だと思うようなものです。期待するリターンが同じときは、どのようにしても同じ量のリスクを取らねばなりません。ヘッジとは、あるリスクを別のリスクに付け替えることでしかありません。つまり、当事者であるリスクを避けることは、傍観者であるリスクを取ることを意味するのです。

三つのリスクが理解できたなら、自分の取りやすいリスクを適量取りましょう。リスクとは避けるものではなく、管理するものなのです。

【スプレッド】ここでは商品間の価格差の幅

34 リスク管理

利益を追求するあらゆるビジネスにおいて、リスクはつきものです。ディーリングを行う場合にも、自分が持っているポジションに対してどのようなリスクを払っているのかを正確につかみ、あるリスクにはヘッジを施し（他のリスクに変換し）、起こり得るあらゆる場合を想定して、対処する用意を怠ってはなりません。

取引の形態が複雑になればなるほどリスクの所在が不明確となり、気づいたときには大きな損益が出ていることが、私たちが通常考えている以上に起こっています。

前章で述べたように、どの取引にもさまざまなリスクが存在していますが、ここではディーラーが管理すべき最も主要なリスクである、マーケットリスク（価格変動リスク）のみに焦点をあてます。これは個人投資家がデイトレードなどを行う場合にも、自分を律するうえで使えるはずです。

価格変動リスクを管理する第一歩は、自分が持っているポジションの把握です。当たり前のことなのですが、オプションやさまざまなデリバティブ、CMOや他のMBS（モーゲッジバックド・セキュリティーズ）、ABS（アセットバックド・セキュリティーズ）、仕組み商品といったオプションを内包したもの、普通債でも、デュレーションなどを考慮したポジションの把握は、コンピューターを駆使しても、結構な手間がかかります。しかしこれを瞬時に、東京、ロンドン、ニューヨークのどこにいても把握できるように、システムを充実させていかねばなりません。これが第一歩です。

次に、個々のディーラーにリスクの枠を設けねばなりません。通常、以下の三つの制限が相互に補完しあう形で設けられています。

①損の限度枠を設ける
②ネット（正味）ポジションを制限する
③グロス（総数）ポジションを制限する

【CMO】MBS をキャッシュフローに応じてプールし、切り売りする債券

①の損の限度枠とは、月間ベースなどで損の限度額を設け、それ以上の累積損を計上すれば、その月の残りのディーリングをストップさせるというものです。コストの上限を設定するのです。限度枠に達してペナルティボックス入りしたディーラーは翌月、枠を削られる場合もあります。この方法の問題点は、多くをディーラー個人の良識に頼っており、取引そのものが抱える潜在的なリスクの予防とはならない点です。あるディーラーが、たったひとつの取引で大損をしてしまうことの歯止めは期待できないのです。

そこで②および③を併用することによって、予想される損の幅を限定することができます。このとき、より効果的にするために、ポジションのボラティリティを考慮に入れる場合もあります。ネットポジションに加えて、グロスポジションでもしばりを入れるのは、例えば、ネットポジションが同じ1億ドルのロングでも、アウトライト（片張り）の1億ドルと、現物10億ドルロング先物9億ドル相当ショートのネット1億ドルとは、全くリスクの大きさが違うからです。後者には1億ドルのマーケットリスク、9億ドルのベーシスリスクに加えて、売り買い両建てのポジションに相応したクレジットリスク、流動性リスク、デリバリーリスクなどが加算されています。

【ペナルティボックス】アイスホッケーなどで反則を犯したものが一時的に閉じ込められる場所のこと。ここではディーリングルームでの話これらは会社側が設定するリスク管理ですが、プロのディーラーは自分で自分のポジションのリスクを管理せねばなりません。本来、会社に管理されるような仕事ではないのです。

会社の収支状況、自分に対する期待度、相場の状況などを考慮すれば、おのずからポジションの大きさが決まってきます。クレジットに問題がない会社がディーリング益に熱心で、自分に対する期待度も非常に高く、リスク枠なども設けられていない場合、すなわち、すべてをディーラー自身の判断に任されているようなときは、相場で最も効果的なサイズという観点でポジションの大きさが決まるでしょう。流動性と相場に与えるインパクトとの兼ね合いです。ポジションを大きくしていけば相場での影響力も増していきますが、ある点を超えると流動性が極端に落ち、売買の自由が損なわれます。したがって最も効果的なサイズとは、その商品のある1点のみにあり、それほど幅は大きくないといえます。

ほとんどの場合上記三つの枠が、すべてのマーケットリスクの管理を代弁しているので、それに従ったポジションを取ればよいのです。

損の限度枠があり、ポジションの大きさが決まってくると、相場が逆に行った場合になんぴんなどできるはずがなく、できることは損切り以外にはありえないこと

【商品勘定】投資勘定に対して、対顧客などのディーリング勘定

が分かるでしょう。商品勘定などで流動性のない在庫を抱えているときには、流動性のある指標銘柄や先物を売って、損切りに代えることはできます。この場合は評価損と評価益を両建てで持ち、先のベーシスリスクなどを取ることになります。いずれにせよ、なんぴんができること自体が、損の限度額からかんがみると不思議なことで、リスク管理が徹底されていないといえます。

損切りの場所は、チャートポイントの外側にダマシや仕掛けを考慮して、多少の余裕を持っておきます。これが基本で、あまり動かさないほうがよいでしょう。損切り点がコストから遠くなってしまう場合には、ぎりぎりまで引き付けて入るか、ポジションの量で調整し、損の絶対額をできるだけ一定に保つようにします。連続でやられても、限度額に達するまでに何回頑張れるかという観点から、ポジションの量が決まります。

リスク管理という点では、個人投資家のほうがプロのディーラーよりも、しっかりしているかもしれません。一部のプロは、他人の金だと安易に考える傾向があります。しかし、公の資金を扱っているプロのルール破りは、限りなく犯罪に近いと心得るべきです。

【ダマシ】売買シグナルが結果的に失敗すること

35 守りの1銭、攻めの1銭

1銭を笑う者は1銭に泣くといいます。

ディーラーは何百万ドル、何千万ドル、ときには何億ドルものポジションを持つので、この1銭は文字どおりの1銭ではありません。したがって、1銭をおろそかにする者は、市場には基本的にいないはずです。

しかし、マーケットメーカーが値を建てるときの1銭と、ポジションテイカーが方向感を持って売り買いするときの1銭は、同じ1銭でも異なる意味を持っています。

ポジションテイカーとは攻める人です。自分の相場観によって、売り買いの方向を決めてゆきます。彼にとっても1銭は大事ですが、より大切なのはポジションを持つことです。方向性なのです。この方向が正しければ、相場は50銭でも1円でも動くでしょう。1銭をケチってポジションが持てなかったら、何の意味もないのです。攻めの1銭だといえます。

ポジションテイカーが、レベルを決めてオーダーを置いているとします。厳しいところに置けば置くほど、そのレベルが付くか付かないかが、運命の分かれ道です。オーダーを安値の5銭下に置いていたために買えなかったなど、ニヤミスとも呼べません。1銭、2銭、ひどいときは、他人のオーダーは安値で付いて買えているのに、自分のオーダーは付かないことも起こります。そんなときは仕方なく、オーダーを5銭ほど内側に入れ直します。攻めの1銭です。ところが今度はそこが付きそうで付かないのです。また内側に入れ直します。キリがありません。攻めの1銭のつもりが20銭、30銭となってしまい、その分、損切りのレベルから離れていきます。

あとで振り返っての結果論は簡単です。付きそうにないと分かったなら、その場で建値をたたけばよかったのです。または、あらかじめ5銭内側にオーダーを置いていれば買えていました。そうなるとあらかじめ分かっていれば、だれだってそうしていたに違いありません。しかし私たちに必要なのは結果論でなく、次への対策です。

相場の流れが速く、ニヤミスでオーダーから離れてしまったら、あくまでオーダーの位置にこだわって次の流れを待ちます。あるいは金額を減らして、すでに離れて

【他人のオーダーは安値で付いて、自分のは付かない】これはオーダーを預けたディーラーやブローカーの力不足による場合と、付かなかったと偽って自分の買い持ちとしてしまう犯罪まがいの場合がある

しまった建値をたたきます。つまり損切りのときの絶対額を、あまり変動させないようにするのです。大きく動く相場なら、少額でもそれなりに取れるでしょう。焦ってはいけません。もともとツキはないのですから。

相場の流れが緩慢で、オーダーが付きそうで付かない。離れても行かない。このようなときは建値をそのままたたきます。攻めの1銭が、5銭でも大差はありません。損切りのときの絶対額も、それほど変動しません。ポジションを持つことのほうが大切なのです。ただし、だらだらと値を追っかけていくのはやめましょう。1円、2円を狙っているのだからといって、10銭、20銭にこだわらないと、どこかで足をすくわれます。狙いの1円は皮算用にすぎませんが、今の10銭は、実際に払う10銭です。コストはできるかぎり低くとは、投資の鉄則です。

マーケットメーカーは値を建てるのが生業です。顧客に流動性を提供するのが彼の仕事なのです。と同時に、積極的に顧客に向かうビッド／アスクの狭い値を建てながらも、1銭でも残す姿勢を保たねばなりません。いわば守りの1銭で、重みのある1銭です。ビッド／アスクのスプレッドで食うのが基本なのです。

マーケットメーカーは値を建てて顧客の取引の相手方を努めることによって、絶えず自分のポジションを変化させられています。これは流動性があるかぎりにおい

【ビッド／アスクのスプレッド】買い気配値と売り気配値の差

ては、つらそうでいて実はそうつらくはないのです。確実に守りの1銭を意識していれば、相場もよくみえるので、それなりの対応ができます。彼にとって苦しいのは、市場が流動性に欠けるときです。流動性の提供者であるマーケットメーカーも、良い値を建てるためには流動性が必要なのです。流動性がないときは、彼も攻めに転じて、他人の建値を何が何でもたたかねばなりません。したがって、マーケットメーカーにも、ポジションテイカー的な資質が要求されるのです。

流動性に守られながら、自分もまた流動性を提供してゆく。すべてのマーケットメーカーがその自覚を持てば、リスクは分散され、相乗効果を持ち、市場は効果的かつ安全に安定します。流動性の提供者は、市場経済を円滑に運営する担い手ともいえるのです。自分を守りながらも相手を生かす。そのことがひいては自分の利益につながります。守りの1銭の奥は深いのです。

市場のすべての参加者は、市場から何らかの恩恵を受けています。攻めの人も守りの人も、実需を満たす人も、すべて市場があってこそなのです。

モラルと規律とが、もっと要求されていいでしょう。

36 アウトライトとアービトラージ

相場で収益を上げるには、何かを安く買って高く売ればよいのです。これを異なった市場間、商品間、限月間などで、瞬時に行うことを裁定取引（アービトラージ）と呼びます。

同一商品が市場によって価格が異なっているときの裁定取引は、だれが行っても収益を上げることが確実なので、開かれた効率的な市場では収益機会はほとんどないはずです。したがって裁定取引は、規制などで価格が歪んでしまった市場でよく行われます。高関税と密貿易の関係を考えると分かりやすいでしょう。

あるいは、だれかが他人よりも何かを安く買うことができたなら（例えば、低金利での資金調達）、同じ値段で売っても収益が上がります。調達金利の低い投資家は、どのような確定金利で運用しても、利鞘が取れるのです。また同じ値段で買ったものでも、より高く買ってくれる顧客を確保していたなら、収益は上がります。

【調達金利】調達した資金にかかる金利

これも一種の裁定取引と呼んでよいかもしれません。仕組み商品など、オプションを内包したものはこの手です。営業力の強い金融機関は、どのようなコストで調達しても、やはり利鞘が取れるのです。

シカゴの有名なギャング、アル・カポネ時代の禁酒法を持ち出すまでもないでしょう。規制のあるところには必ず抜け道があり、多数の犠牲のもとに、一部が利することになっています。規制とは本来何かを守るために行われるのでしょうが、私たちの自由で、かつ節度ある生命活動、経済活動をも阻害するものとなれば、どこかに巧妙な抜け道が作られ、また規制する側にも腐敗が蔓延するものです。

持ち込み規制、持ち高規制などは、規制の対象外の者に、投機の機会を提供してきました。規制を受ける者はその件に関するかぎり、両手を縛られた状態にありますので、ほかの者は彼らを自由になぶることができました。もちろん規制を受けている者は、当局から別の見返りを得ていました。通貨防衛のためのオペレーションは、価格の下落リスクなしに高金利を享受できるところから、投機筋に格好の収益機会を与えてきました。通貨の固定相場で時折おこなわれる切り上げ、切り下げでも、当局に近い筋から情報を得たものが、巨額の富を手にすることができるでしょう。変動相場ではあり得ない収益機会が、そこには存在するはずです。権力が経済

【仕組み商品】顧客のニーズに応じて複数の商品を組み合わせ、オーダーメイドで作った金融商品

活動と結びついていないという保証は、どこにもありません。だれかがおいしい思いをする限り規制はなくならないという、うがった見方すら可能です。

かつて生保は保険契約の配当に、利配収入しか当てられなかったことから、利回り確保のための無理な配当取りを行い、取り次ぎの証券会社にやらずもがなの利益を提供してきました。

脱税すれすれの利益繰り延べ、粉飾決算につながる損失繰り延べの相手をするトレードなどといった、根底に規制や不透明なもくろみがあって起こる価格の歪みを取りにゆくのは、何らかの規制や不正がどこかに存在しているかぎり、最も安定した収益を約束してくれているのです。なぜなら、こういった不透明な価格の歪みに注目したり、あるいは仕組み商品などオプションを内包したもののＯＡＳを比較したりする裁定取引は、それが今ある目に見えた矛盾を突くからです。

不当に割高な組み合わせ商品を顧客に売り、それを構成しているオプションと原証券とを市場で別個に買えば、その場で利益が確定します。顧客に特殊なニーズがあるか、無知であれば、相当儲かります。ただし市場が相手であれば、そういった価格の歪みはプロなら誰でも知っているので薄利な場合が多く、儲けるためには大きなポジションを取らねばなりません。安くて豊富な資金がいるのです。大手の金

【OAS = Option Adjusted Spread】モーゲージ商品やオプション組み合わせ商品からオプション価格を取り除いた後の割安・割高感

融機関が裁定取引に強いことのひとつの要因に、信用メリットを活かした、巧みな資金調達があるのです。

私たちが通常行うアウトライトの取引は、この安く買って高く売るのに時間差を設けて行います。本質的には、収益を上げるにはこの値幅だけが問題となるのであり、売り買いの前後は関係がありません。高く売ったもの（ショート）を安く買い戻してもよいのです。時間とともに波動曲線を描く価格の頂点で売り、底で買うことを目指すのです。

裁定取引が資金調達、運用、損益の三次元だとすれば、アウトライトの売買はそこに時間を加えて四次元にしたものといえます。

裁定取引にも四次元のものがあります。OASを比較したり、市場間での価格の歪みを取りにいく裁定取引は、瞬時に利益が確定するので時間がからみませんが（＝三次元）、イールドカーブの未来の形状を予測したり、類似商品間や先物の限月間での裁定取引では、現在のスプレッドを、過去の状態と比較して割安、割高を述べているだけであって、裁定とは名ばかりの投機です。これらの取引は時間とともにスプレッドが伸縮し、損益が確定します（＝四次元）。これも裁定取引と呼ばれています。

【アウトライト】売り買いセットや、売り買い両建てでない単純な買い・売りの取引

この四次元の裁定取引は、未来のスプレッドの状態を予測するという時間が絡んできますので、今すぐ利益を確定するわけにはいきません。これを私は時間差アービトラージ（アービトラージ）と呼んでいます。これは、時間の要素を加味した分だけ高級となり、裁定取引とはいえ、アウトライト同様のリスクがあります。時間差アーブの主要なリスクとリターンは価格の上げ下げ、スプレッドの伸縮に翻訳されるでしょう。時間のリスクなのです。

将来の成長を見込んで今買った株が上がるには、時間がかかります。株式の購入は、未来を先取りすることだともいえます。株式投資における不確定の要素は、私たちには未来が見えないところからきています。

【イールドカーブ】短期金利から長期債にいたる利回りをグラフ化した曲線

37 自分のタイムスパンに合わせる

マクロ経済の成長率を予測し、為替を予測し、金利を予測し、セクター分析をし、銘柄を選び出して企業業績をはじき出す。すべてに無理がなく、来年にも株価2倍という予測もあながち大風呂敷でもなさそうに思えたとします。しかし、アナリストの買い推奨が説得力に富んでいればいるほど、株価は来年など待ってはいないものです。1～2カ月もあればターゲットに到達してしまうのです。為替相場しかり、金利相場しかり、商品相場しかり、相場は人を待ちません。

値上がりするものなら、だれしも買いたいでしょう。早く買えば安く買えます。相場はそのうちに理論価格と思われていた水準を超えて行きます。そこから先は、買いが買いを呼ぶ展開となってゆくのです。買えば上がる、上がるから買う。価格上昇期待のみが相場を支えていきます。ここで信用創造（レバレッジ）をいたずらに膨らませてゆくと本物のバブルとなるのです。

【セクター分析】企業を業種別に分析すること

そこまでいかずとも、力まかせに買っていると、どんなに信用創造をしたところで、基本的に買える量が有限だという事実を、忘れ去ってしまいます。通常、それを思い出すのは急落してからなのです。そして今度は参加者が総悲観となり、買いを奨めたアナリストまでもが、非難の対象となるのです。

とはいえ、そのアナリストの見通しが正しければ、また、相場の乱高下によってファンダメンタルズが傷つきすぎていなければ、株価は当初の予測どおり1年後には2倍になっているものです。相場に乱高下はつきもの、長い目でみれば方向は間違っていないのです。それをトレンドと呼びます。

買われた相場は売られ、売られた相場は買われます。信用のレバレッジがかかると、上げも下げもきつくなります。価格はそのように波動を描きながらも、トレンドを形成してゆきます。

したがって、相場に入るときに心しておきたいのは、自分の扱っている資金がどのような性質のものなのか、どのようなタイムスパンを想定しているのかを十分に理解しておくことです。

例えば、個人年金の資産配分は長期資金の運用です。値上がりしても利食わない（利食えない）のですから、相場を追っかけて高値を買うのはつまらないといえま

【タイムスパン】タイムホライズンに同じ。投資における時間的視野。短期的な鞘抜きなのか年金資産の運用なのかなど

す。将来使う当てのある通貨をコアとしてコンスタントに買い、トレンドをおさえて出遅れの市場、売られたあとの市場を丹念に拾っていくのが本道です。

とはいえ、プロの年金運用者は自分を戒める意味でも、最長でも1年ごとのリターンで、物事を考えるべきでしょう。相場にはトレンドがあるのですが、けっして平坦な軌跡はたどりません。そこには投機筋が存在し、必ず行き過ぎの状態とその調整とを繰り返します。トレンドが正しくても、アゲインストの状態のときに顧客からクレームをつけられたなら、持ちこたえられない可能性があります。

大きなトレンドのなかの調整を把握するには、テクニカル分析が役に立ちます。またディーラーたちのポジションの取り方を勉強することも参考になるでしょう。運用資産のタイムホライズンが短ければ短いほど、ファンドマネジャーにもディーラー的な資質が要求されてくると思われます。すなわち中期的なファンドならば、基本的には大きなトレンドに沿ったポジションしか取らない。調整局面では、その一部を確実に利食う。再びトレンドに戻ったなら、その方向にポジションを加えるというようにです。ここでのポイントは、確実に利食うということです。

マネジャーポジションなど、根っこのポジションと呼ばれるものを預かっている場合には、資金の3分の1から3分の2を使って買い、そのままターゲットにくれ

【タイムホライズン】タイムスパンと同じ。

ば迷わずに利食います。ターゲットに届かずに下落すれば下値支持線で買い増します。下値が破られないかぎり、割り当てられた資金いっぱいまで支持線で買うのです。そして、上値抵抗線などのターゲットに達したなら、一部を利食います。そこから一定幅下落したなら、反転したと見なして、残りを利食ってしまいます。利食ったのち下落し、再び支持線に届いたなら、シナリオをもう一度チェックしなおし、不変ならば買いを入れます。当初のターゲットに到達したなら、一部だけ利食って様子を見ます。

目先のディーリングならば、もっと機動的になるでしょう。中長期の資金であれば、買いのレベルは非常に重要ですが、ディーリングでは相場の流れが、より重要になります。高値警戒感が出ていても、周りがあまり買えていないと見れば買っていくのです。本当に恐い相場とは、警戒せずに楽観している相場です。「レバレッジをかければかけるほど儲かる」とギャンブルに走っているような相場です。それまで一本調子で上がってきたように見えても、警戒感から買えていない相場は、まだまだ上がるものなのです。あえて高値でも突っ込んでいくのがディーリングです。

扱う商品によっても、タイムスパンが変わります。為替では経常収支の不均衡や

【下値支持線】サポートライン。ある価格帯を超えて相場が下がりにくいとみられる場合にその価格水準を示すテクニカル用語。トレンドラインでは安値を結んだ線

金利差など構造的なものが大きなトレンドを決定しています。そこには明らかな資金の流れがあり、価格変動を左右するポジションの保有期間の違いも見て取れます。長期のタイムホライズンを持った投資家にとっては需給を反映したトレンドが大きな意味を持つといえるでしょう。

レバレッジの大きな為替の信用取引では、短期ディーリングに徹するほうがいいでしょう。思惑とは違った場合の損切りは確実に行います。その損切り幅を小さくするためには、できるだけチャートポイントに引き付けてから、相場に入るのがいいでしょう。

債券のポートフォリオでは、金利の変化に対する債券価格の感応度であるデュレーションを調節することによって、相場つきに対応することができます。

デュレーションは何年という単位で表示され、オーバーナイト金利の利回りから最長期債の利回りを結んだ曲線であるイールドカーブとは全く別のものですが、ポートフォリオ全体のデュレーションは、イールドカーブを右にいったり左にいったりするイメージでとらえるのが分かりやすいでしょう。

運用者が仮にポートフォリオを全く動かさないとすると、デュレーションはイールドカーブを左に移動、すなわち短くなり、金利の変化に対する感応度は低下しま

【オーバーナイト金利】オーバーナイト（翌日）物取引では、金融機関は今日資金を借り（貸し）て、翌日に返済する（返済される）。その資金にかかる金利のこと

す。一部の債券の償還によってキャッシュ比率は高まり、ほかの債券も当然ながら時間の経過と共に残存期間が短くなるためです。これはローリスク・ローリターン型になることを意味します。

金利の低下時には、コールオプション付きの債券や、モーゲッジバックド・セキュリティーズ、アセットバックド・セキュリティーズといった、実質的にオプションが内包された証券の償還が早まることによって、デュレーションはさらに左に寄って行きます。このことは残存のポートフォリオの価格上昇力が鈍くなることを意味しています。一方、インデックスには償還がなく、急激なデュレーションの変化が見られないので、自然インデックスに取り残されるようになります。したがって、金利低下時におけるデュレーションの目減りを押さえるには、随時デュレーションの長いものを買い足さねばなりません。金利低下時には、デュレーションを長くすれば、より大きなリターンが得られるのです。

デュレーションは通常、償還までの期間が長いほど長く、クーポンレートの低いものほど長く、コールオプションの付いていないストレート債が長いといえます。デュレーションが長いほど、金利の変化に対する価格の変化が大きくなりますので、マーケットリスクは増大します。ハイリスク・ハイリターン型のアグレッシブ

【クーポンレート】債券の表面金利。額面金額に対する年率

なポートフォリオといえるでしょう。

金利急低下時に価格が急上昇する、ポジティブ・コンビキシティを持つものには、投資家が途中償還を請求できるプッタブルの債券、利札のない割引債であるゼロクーポン、償還までの残存期間が長くストレートな債券などがありますが、相場の最終局面を取りにいくときは、指標銘柄など、流動性のあるものに限るべきです。流動性のないものは、理論価格が上がっても買い手がいない状態に陥ることもあって、そのときは評価益も逆行して下がります。

最高値圏ではイールドカーブの両端にウエイトをかけるバーベル状にポートフォリオを近づけ、資産を短期物でプロテクトする一方で、さらなる価格上昇を最も効率の良い長期債、または指標銘柄にて追いかけるという方法もとれます。

一方、モーゲッジバックド・セキュリティーズなどのようにコールオプションを内包し、途中償還されるリスクのあるコーラブルなものは、金利急低下時の価格上昇力が極めて弱いネガティブ・コンビキシティを持ちます。金利の低下とともにどんどん借り換えや償還がすすみ、図らずもキャッシュばかりになってしまう(＝デュレーションが縮む)ためです。また金利上昇時には、予定どおりの途中償還が進まずに、かえってデュレーションが逆に伸びてしまう傾向があります。そのようなと

【ポジティブ・コンビキシティ】金利低下時に価格上昇率が良いこと

きは流動性も落ちてしまいますので、思わぬ損失をこうむることがあります。すなわち、コーラブルな債券とは、オプションを売った状態にありますので、金利がどちらの方向にでも動くときには弱く、レンジ内で安定しているときに強いのです。
　相場の価格変動に右往左往させられないためには、自分の扱っている資金の性質を掘り下げ、適切な商品を選ばねばなりません。

【ネガティブ・コンビキシティ】金利低下時に価格上昇が悪いこと。下がることもある

38 流れにつく ―トレンドをおさえる―

相場は波動を描いて進みます。しかし、価格は高くなり低くなりの波動を、ただ漫然と繰り返しているのではありません。

時間の枠組みから逃れられない宿命の私たちの認識では、時間は過去から現在、現在から未来へと流れています。同じように相場の価格波動も過去から現在、未来へのしっかりとした流れとして認識せねばなりません。私たちの時間に逆行がないように、相場の価格波動にも逆行はないのです。

私たちは相場に逆らう術を持っていません。為替市場も債券市場も株式市場も、カジノでのギャンブルのようにそれぞれのテーブルが独立し、別世界を築いているわけではありません。市場はそれぞれが互いに影響し合い、そのどれもが実体経済と密接につながっています。その実体経済は地球の歴史、人類の歴史、過去から現在、未来へと流れるときの流れのなかで必然的に起こっていることを反映しているのです。

私たちは構築と破壊とを交互に繰り返してきました。これからもその繰り返しを重ねてゆくのでしょう。そういった大きな波動のなかでとらえると、現在の世界は破壊へと突き進んでいる局面というよりは、いまだ構築中だといえるでしょう。技術の進歩にも逆行や停滞は見られません。世界はまだまだ便利に小さくなってゆくのです。情報化社会は統制経済を不可能にし、市場経済に繋がってゆきます。したがって、その方向への投資は実を結ぶでしょうが、逆行は実りません。

このところ、実需の増大や投機筋の関与で、商品相場が高騰しました。しかし、電気製品などの価格はむしろ下がっています。こういったＯＥＣＤ（経済協力開発機構）諸国のディスインフレの傾向を、バブル期の反動や、過当競争による価格破壊に起因すると見る人が多いようですが、私はもっと構造的なものが背景にあると見ています。例えば、ある物質が値上がり始めると、ほかのよりも安価な物質を探します。探索や採掘、あるいは開発や加工の技術は以前に比べ格段に進歩しており、よりよい物質を安価に供給できるのです。

これは鉱物だけにはとどまりません。そのほかの第一次産業の物質や、第二次産業の物質も同様です。そうしてできた商品は、進んだ運搬技術によって、世界の各

【ディスインフレ】物の値段に比べて貨幣の価値が上がること。インフレの逆

地に運ばれます。この運搬技術は、ハードウェアだけでなく、ソフトもそれ以上といってよい素晴らしい進歩を遂げています。

情報も瞬時に世界を駆けめぐり、北のディスインフレと南のインフレとによって、世界の一物一価が凄まじい勢いで進んでいます。市場を含めた第三次産業も同様に進歩しており、何らかの裁定が働くようになっているのです。こういった傾向は、一人一価に行き着くという予測もありますが、それは一物一価という基準となる価格に、なんらかのスプレッドが乗ったものになるのでしょう。すなわち、市場が扱う基準価格をベースに入札が行われたり、オーダーメード分の割増がついたりするようになると思います。市場から不当に乖離した価格は、裁定されてしまうのです。

ＯＥＣＤ諸国でのディスインフレの傾向は、さまざまな分野での技術の進歩に追いつく需要が得られないという、極めて構造的なものに思えます。技術の進歩が供給サイドに与える力はこれからも加速度的に高まるでしょうが、需要サイドには、私たちの日常を見ていても、限定的に思えます。肉体的な限界が、欲望に制限を与えます。一般の人は飽食を知るのです。

一方、途上国の需要はまだまだ高まるでしょう。また戦争による破壊や自然災害、悪天候などによって供給サイドが一時的に落ち込むようなことも想定されるでしょう。それでもなおディスインフレは、トレンドとして長く続くように思えます。現有資源の枯渇はあるのでしょうが、海底資源や生物資源の開発も勢いを増すことでしょう。

流れにつけとは、相場の動きに逆らうなということです。自分を保ちつつも、柳のごとく、柔軟に身を委ねるのです。

39 高値売ろう安値買おうは損の元とはいわれても

相場で儲ける方法があります。安く買って高く売る。高く売って安く買い戻す。これだけです。ところが、これが難しいのです。

なぜ難しいのか？　それは、安値は売られたから安いのであり、売られた理由が十分にあるからです。同様に、高値には買われてきた立派な理由が存在します。したがって、安値はまだまだ下がりそうに見え、高値はまだ上がりそうに見えます。それでもいろいろと思いを巡らせ意を決し、安値だと思って買ったはいいが、さらに値下がりすると、結局安値ではなかったことになります。すなわち、どこが安値か高値かの見極めが難しいから皆苦労しているのです。

何らかの理論に裏付けされた適正価格や、長らく相場を見てきた者が身につけている値ごろ感、テクニカル分析で割り出したチャートのポイントなどを手掛かりとする考え方があります。上げ下げする価格も、数字の羅列と見れば取りつくしまもありませんが、以前の安値、高値を知っていれば、今の価格の位置が分かります。半値戻しや支持線など、さまざまなテクニカル指標が指し示すチャートポイントを知れば、さらに細かな位置づけができるでしょう。実体経済や企業業績の数字とも比較してみます。このようにして、当初は数字の羅列でしかなかったものを適正価格に、それをさらにほかの金融商品や過去の値動きと比べて割安か割高かと絞り込んでいきます。とはいえ、それでも出てくるものは単なる参考値であって、それを手掛かりに買ってはみたが値下がり続けるようなことは日常茶飯事です。

ここで、反転を確認してから売り買いする、という考えがでてきます。売り買いの指示を出すテクニカル指標のほとんどは、この考え方です。下がり続けてきた相場が小戻しする。ある程度戻ったところで、反転したとみなすという買い指示を出す。これも、ある程度戻ったところという、この程度が難しいのです。小さな値幅にも敏感に反応すると、反転にも至らない小戻しで指示を出し、うるさくて仕方がありません。大きくないと感じないほど鈍感ですと、反転を確認したころには、もう反転が終わっています。また、そういった感応度は、注目する期間をどうとるかで、自由に何とでもできるのです。私は強気、弱気の人の注文に応じて、その人たちが喜ぶチャートを、何種類でも用意できます。すなわちどの指標も「帯に短しタスキに長し」で、そのさじ加減こそが難しいのです。適正価格もテクニカル指標も、相場の理解を助ける参考にはなりますが、過大な期待は禁物です。システム売買の弱点は、まさにここにあります。

天下統一を成し遂げた武将に「六、七分の勝ちを十分となす」という言葉が残されています。相場でいうと上下の2割ずつくらいはくれてやって、中身の6～7割を取ることでしょうか。いわゆる「(魚の）頭と尻尾は他人にくれてやれ」というものです。

先述のテクニカル指標なども、上下をフィルターとしてある程度切り捨てることになっています。欲張りすぎるとかえって上手くゆかず、臍を噛みますよという、中庸の教えともいえます。

ところが、実際の相場では上げ下げの幅の10割は、終わったあとで初めて分かるのです。腹八分でこれくらい、と利食い売りした相場がそのあとも上げ続け、結局1割ほどしか取れていないようなことも珍しくありません。こんなときは、いったん利食ったあとで焦って高値を買い戻し、それがやられて差し引きネットの損とは、しごくありがちな話です。

分からないなりに、最安値だと信じて手を出すのならいいでしょう。しかし「ま

【システム売買】市場価格や前提条件の変化により、自動的に（システマティックに）売り買いを行うもの。システム発動にいたる条件のさじ加減が難しい

だ下がりそうだが、安値買おうは損の元」と中途半端に手を出して、案の定、下がって泣きを見るのはいただけません。価格のぶれを考慮するなら、そのぶれて押したところが最安値、すなわち買いのレベルではないでしょうか。分かっていながら中途半端に買ってしまい、最安値で損切りの売りを出してしまうのをよく見ますが、これは情けないことです。相場観が当たっているのに損を出すと、後々に響きます。

買って損がでてはつまらないから、こだわるのです。その損もどれほどものかは、前もっては分かりません。先の動きなどは、だれにも分からないからこそ、レベルを待つ意味があるのです。私たちに中途半端は許されません。熟慮に熟慮を重ね、常に真剣勝負でぎりぎりの高値、安値を狙っていく。そうまでしても10割など取れないものです。

心配せずとも、6～7割も取れれば上出来なのです。

第三章　機先を制す

40 シナリオをたてたら、機先を制す

マーケットメーカーには哲学が必要です。何のためにそこにいるのか。どうして自分の相場観を殺してまで、値を建てねばならないのか。しっかりとしたプロ意識がないとやり切れない仕事です。

しかし、ある意味で彼らは恵まれています。常に建値をひっぱたかれているために、相場に傍観者でいることがありません。朝、寝ぼけまなこでやってきて、わけも分からずにポジションを持たされ、それをただひたすらに処理しているうちに、おのずから相場の流れが見えてきます。流れに身を任せ、流れそのものになることすらできるのです。良い値を建ててさえいれば皆が集まってきてくれ、相場に取り残されるということがありません。我を張らず相場と同じ速度で動いていたなら、それなりに収益が残せるものです。彼らは休めない分だけ、余計なことも考えずにすみます。

【建値】値付けをするためにマーケットメーカーが建てた売り買いの気配値（ビッドとアスク）

相場への出入りは、たとえると、高速道路へ側道から出入りするのに似ています。自分のスピードが相場の流れに合っていないと、恐くてなかなか入れないものです。しかし一度流れに乗ってしまえば、車線変更も自由自在です。自分が相場と同じ速度で走っていないと流れがよく見えないのです。

個人投資家を含めファンドマネジャー的な人、休むも相場ができる類の人は、自己の相場観に忠実になれる反面、無理にでも相場観を持たねばなりません。ときとしてこれは苦しいことなのです。彼らが相場に入るにあたっては、仮説（シナリオ）を組み立てる必要があります。何もないところからは、何も出てはこないのです。独創的に後から後からシナリオを描ける人もいれば、ほとんど、セールスの人やほかのディーラーが描いたシナリオに頼る人もいます。どちらが優れているかは一概にはいえません。優劣は収益のみで判断されるのです。

シナリオは「だから売り買いする」という動意づけだけでなく、「こうなればこうなる」というように、相場の先行きをイメージさせるものでなくてはなりません。それによって新しい事態や材料の変化にも、慌てずに対応できるのです。市場のコンセンサスを探り、十分に織り込んでおくのはいうまでもありません。

シナリオができたら、演出です。ポジションを取らねば話になりません。

【市場のコンセンサス】市場参加者の総意。どこまで価格に織り込んでいるかなど

勝負の鉄則に、機先を制すというのがあります。「思い立つ日が吉日」という、ことわざもあります。どんなに周到に準備しても、絶対ということはないのですから、相手の準備が整わないうちに叩くのです。この場合は先に動いたほうが有利になります。動けば流れが起こるものです。もともと未来を知ることは私たちの能力を超えていますので、相場の先行きなど、だれにも分かりません。悲しいことには文殊が智恵を絞ろうと、八卦に頼ろうと、山の神のお告げであろうと、相場の結果に責任を負わないという点では大差ないのです。

シナリオは、どんなに出来の良いものでも、相場に入るきっかけでしかありません。考え過ぎないで、一歩を踏み出すところから、すべてが始まります。

【機先を制す】相手より先に行動して、その勢いをくじくこと

41 自分の間合いで戦う

剣道やボクシングなどの一対一の格闘技で、なおかつ攻撃や防御の瞬間以外は対戦相手との距離を保っているような競技で端的ですが、どんなスポーツにも自分の得意な間合いというものがあると思います。スポーツに限らず、人間関係にも当てはまるかもしれません。

何となくやりにくい相手というのは、自分のほうが相手の間合いに合わせてしまっているのでしょう。相手のペースに巻き込まれては、なかなかその勝負には勝てないものです。相手を自分の間合いに引き込むことが、そういった勝負での鉄則でしょうが、さて、それでは相場での相手とはだれなのでしょう。

相場での出合は、売り手1に対し買い手1の、常に「一対一の関係」にあります。俗にいう買い（売り）手が多い、買い（売り）一色などという表現は、市場の雰囲気をよく伝えてはいても、言葉のアヤにすぎません。このことは取引のチケットを

【一対一の関係】売り手がいなければ買い気配やオーダーで売り手を待つしかない。逆もまた同じこと

見れば一目瞭然です。ある決まった値段で、決まった額、特定の約定日、決済日のある取引のスリップには、売り手1人に見合った買い手が必ず1人だけいます。出来高とはそういった一対の出合の総数なのです。それでは取引のスリップに書かれた相手、個人なら取次の証券会社や銀行。プロなら顧客か同業の金融機関。その相手が勝負の相手なのでしょうか。

もしそうだとすれば、顧客と業者との利害関係は、必ず対立することになります。上げ相場で顧客が儲けているときには、証券会社の商品勘定では損失が出て、暴落時には大儲けしていることになります。しかし、証券会社の過去の収益を見ていると、ちょっと違うように思えます。

実は、相場で私たちが相対している相手は、市場のすべての参加者です。すでにいる参加者たちだけではなく、将来の参加者たちも含まれています。彼らはそれぞれに、実体経済や社会の動きを背負っています。実需だけでなく、相場観というものも、そういったものの反映です。私たちは、彼らが今後どう動くかに勝負をかけます。すなわち、言葉を換えると、私たちの相手は時間なのです。市場の参加者のポジションの保有期間を分析することによって、将来の価格の動きを探っているのです。

【スリップ】取引確認書のこと

自分の間合いで戦うことは、自分との間合いを保つことでもあります。市場の参加者に自分が含まれている以上、相手が時間である以上、自分自身も戦いの相手であるといえます。だからこそ、自分の適性や性格に合ったスタイルを確立することが重要なのです。そのためには自分が扱っている資金の性質、自分が何を求めているのかを掘り下げる必要があるでしょう。

個人投資家の資金は、余裕資金の運用か、信用取引を含めた借入金での運用かに大別されます。一方、プロは「さまざまな種類の資金」を運用しています。資金の性質の違いは、運用スタイルに、突き詰めればポジションの保有期間に影響を与えるのです。

【さまざまな種類の資金】年金、保険金、預貯金、投資信託、ヘッジファンド、自社の資本金など

42 フェアバリューのくずれを狙う

為替相場、債券相場には通常、1年に2～3回ほどの勝負どころとなる大動きがあります。

相場は売り気、買い気の微妙なバランスの上を、右に左に、絶えず揺れ動いていますす。相場が動かない。あるいは長らく狭いレンジのボックス圏に収まっているというのは、ある意味ではフェアバリュー、その価格が適正だからとも考えられます。国際収支や成長率、インフレ率といった経済のファンダメンタルズと、調達、運用金利のおおもとの基準となる政策金利の水準とを比較して、さらに実需筋や投資家の売買といった需給をも考慮して、ことさら今の価格が不自然に思われないとしたら、相場に方向性がないからといって嘆くにはあたらないでしょう。

ところが、経済のファンダメンタルズは刻一刻と変化していますので、当初相場がボックス圏入りしたころにフェアバリューであった価格が、時間の経過とともに

【フェアバリュー】Fair Value。適正価格のこと

経済などの実体から大きく乖離してきます。それでも相場は習い性よろしく、直近の値動きのパターンを踏襲し、相変わらず上値抵抗線まで買われたら、下値支持線まで売られる、というレンジ内の動きを繰り返すのです。値動きが煮詰まって、テクニカル的にも大動きが暗示されるようになって初めて、相場はファンダメンタルズが指し示す方向に抜けます。ときに気迷いから、いったん逆の方向に抜けてしまうこともありますが、そこはすぐにたたかれて、結局はファンダメンタルズに沿って大抜けすることになります。ここが勝負どころです。すなわち、市場に蓄えられたエネルギーが出口を得て噴出する、その機をとらえるのです。直近の安値更新、高値更新はその手がかりとなります。

また、経済のファンダメンタルズは確かに刻一刻と変化してはいますが、その変化は通常はゆったりとしたうねりのように緩やかなもので、一夜にして激変してしまうようなことはまずありません。しかし相場というものはおかしなもので、現在100のものが1年後には200になるという予測でも立てられようものなら、いてもたってもいられなくなり、ほんの1カ月ほどで170ぐらいには行ってしまうものなのです。上がりそうだと思ったなら、少しでも早く安いうちに買いたいものです。しかし、これでは1年後には1000を超えてしまいます。こんな相場はい

【ボックス圏】市場価格が一定の高値安値間を何度も往復すること

ずれ急落します。理論価格と実勢価格との乖離のピーク。ここも勝負どころです。

資金の都合などで、もう買えないところまで買い上げると、ロングポジションのはずしが起こります。ここで相当な幅で下落しようものなら、市場心理は今までの強気から一変し、どこで売ろうかとしか考えなくなります。ところが経済のファンダメンタルズのほうは、市場の動向などはおかまいなしに、予測どおり着実に1年後の200を目指して歩んでいるものなのです。そのファンダメンタルズの動きに変化がなければ、この相場はけっして前の安値を更新することはありません。売られても、底値切り上がり型の上昇トレンドを確認するでしょう。ここでは恐れずに買わねばなりません。ここも勝負どころといってよいでしょう。

このように、経済のファンダメンタルズから大きく乖離してしまった相場が、ファンダメンタルズに鞘寄せを始めるときが、勝負どころです。ここでは使える資金の全額を注ぎ込んでよいでしょう。エントリーポイントがつかめずに、3分の1あるいは半額しか注ぎ込んでいなかったなら、買い乗せ、売り乗せで攻め続けるのです。利食いのときは、すべて手仕舞うよりも、回転を利かせるために3分の1、場合によっては3分の2だけを閉じます。そして再び買い乗せ、売り乗せで攻めるのです。

経済のファンダメンタルズと市場価格との乖離を探るために、相場がボックス

【底値切り上がり】下がっても安値を更新せず、徐々に切り上がっていく状態

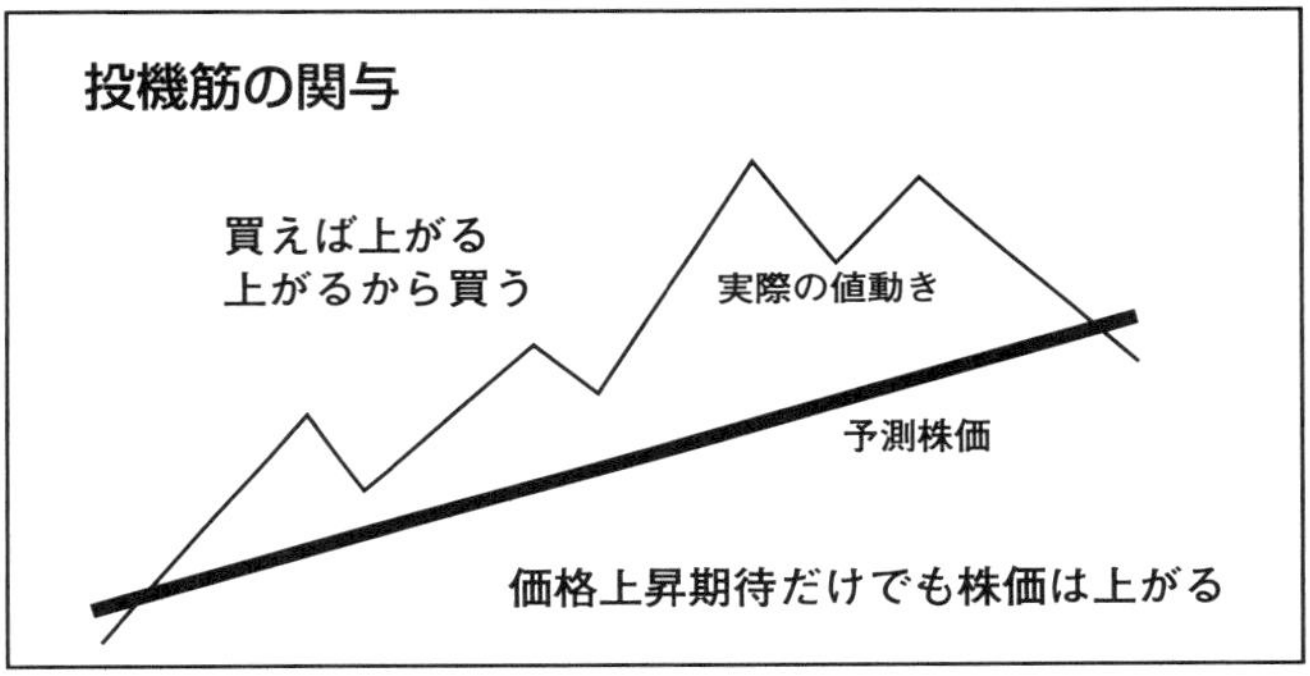

圏入りした当初の、さまざまなファンダメンタルズの数字と市場価格とを記憶しておき、折にふれて、今の実勢価格との比較を試みてもよいでしょう。また、市場価格に急激な変化が見られるときには、その相場がどこから何を材料にして始まっているかを記憶に留めておき、常に市場価格を相場環境の変化に照らし合わせて判断し、両者に大きな乖離がないかをチェックしてみます。両者は互いに影響しあっていますが、小回りが利くのは市場価格のほうで、価格は常に行き過ぎ戻り過ぎと右往左往します。軸はあくまでファンダメンタルズです。こちらがトレンドを示しているのです。

　また、さほど大きな材料がない年でも、利益確定や損切りなどのポジション整理が行われるために、年に2～3回は大きな動きをするものです。ここをどう取るかでその年の勝負が決まるのです。

43 割高を売って割安を買う

投資の基本は割安を買い、割高を売ることです。

何かを割安で買うことができれば、それだけで運用が容易になります。例えば、クレジットの良い銀行は低利で資金を調達できます。その資金を通常の手段で——より大きなリスクを取らなくとも——運用すれば、クレジットの悪い銀行よりも収益が上がります。調達コストが低い（割安）ことは、より大きな利益を約束されたも同然なのです。これは単に資金の出し取りにとどまらず、その資金を利用するすべての取引、運用に波及します。

為替の先渡し取引も同様です。為替の先のレートは、金利差をもとに算出されます。先渡しレートは市場商品で常に裁定が働いているので、どこの銀行に聞いても大差はないでしょう。ところが、この算定に用いられた金利に、実は差がついているのです。

【クレジット】信用力

実例をあげましょう。ジャパンプレミアムが取りざたされた95年の第4四半期には、有力外銀と大手邦銀のドルの調達金利に0・5%以上もの差がついていました。これは6カ月もののドル円の先渡しレートの70～80銭に相当します。1億ドルの取引では7000～8000万円に相当しました。同じリスク、同じ取引で外銀と邦銀との間にこれだけの収益の差がでていたわけです。このような状態は、クレジットの良し悪しで、今でも当てはまります。

また、自己資本の大きなところも、資金調達のコストが安いといえるでしょう。株式での調達コストは確定金利ではなく、出世払い形式の、儲けたらなんぼ払うという配当です。利益には課税されても、運用以前の時点では、ただ同然のコストともいえます。ここでも、自己資本の小さなところに比べて、より大きな利益が約束されているのです。

これらのケースはどちらも過去の好業績の蓄積によって信用のメリットを築いていった結果である、といえるでしょう。先人が築き残した信用を、後の世代が享受し、食い潰した例も多く見受けられます。

債券の裁定取引では、クレジットリスクと金利水準、デュレーションなどが需給によって歪み、割高、割安になっているのを秤にかけることになります。規制など

【ジャパンプレミアム】邦銀が国際金融市場で資金調達をするときに上乗せされる金利のこと

で必然的な歪みが生じている場合以外は基本的には経験則で、その意味では単一商品をアウトライトで売買する取引との違いは大きくありません。つまり、価格差スプレッドの波動の拡がりきったところで割安を買い、割高を売る。縮まった、あるいは逆転したところで反対売買をするに尽きるのです。したがって、スプレッドをチャート化してトレンドラインを引き、抵抗線、支持線などを見たり、ＲＳＩ系のチャートにして買われ（広がり）過ぎ、売られ（縮まり）過ぎを見たりすることもできます。当然、見込み違いもあるわけで、裁定取引のほうがリスクが小さいと思うのは誤解です。リスクが小さい場合には、期待利益も相応に小さいのです。

単一商品では、その価格波動の底（割安）で買い、頂点（割高）で売って利益が出ます。

44 市場心理を利用する

相場が買い材料には反応せず、売り材料だけに反応する。相場の地合が弱い。こんなとき、市場心理（マーケットセンチメント）は弱気であるといえます。

市場心理とは、市場の参加者が一様に感じていて、理屈ではうまく説明できない、相場の地合が強いとか、弱いとかという感覚です。相場では買い材料のはずが価格は全く上昇せず、ときには下がることすらあります。こういうときディーラーは地合が弱いと感じます。これが弱気の心理の始まりです。

チャートの支持線を手掛かりに買いを仕掛ける。利食えないまま、ずるずる下がる。ワンチャンスで利食っても冷や汗もので、そのあと下がる。一方、売りから入ると多少苦しい場面があっても必ず儲かる。売りで儲かるパターンを何回か繰り返す。市場心理はさらに弱気に傾きます。

人に心変わりはつきものですが、よく人の心を変えてしまう要因は、その外部環境です。ディーラーの心を変えるのは、ポジションの偏りです。相場は常に上がり下がりを繰り返し、市場心理はそれにつれて右往左往しています。相場の先行きを読むためには、そのときの市場心理に惑わされず、市場のポジションがどうなっているかを探る必要があります。

実需の大きな売り物が、毎日出るような市場があるとします。売り物を受けたディーラーは、ポジションがロングとなり投げさせられるでしょう。値ごろ感で買い向かったディーラーも、市場全体がロングでは値が重く投げさせられます。買っても儲からないという意識が浸透してきます。このような展開が続くと、あらかじめショートを作り、値を下げておいて、実需の売りを受けるほうが効率的だと気づく連中が現れるでしょう。つまり、売りから入れば儲かることに気づくのです。

こうして、市場心理は弱気に傾いてゆきます。こういった相場は弱気になってはいますが、実需の売りを受け市場全体のポジションはロングのままです。まだまだ下がるでしょう。反発するためには、どうせ下がるのだからと多めにショートを振り、相場を大きく下げようとする連中が現れて、市場のポジションがショートに傾くまで待たねばなりません。

だれが売っているのか、買っているのか、それは構造的と呼べるものか、一時的な鞘取り狙いなのか――そういったことで、市場心理の取り扱い方もおのずから変わってくるのです。

構造的な売り買いが背景にあると、市場心理が傾いたあとでも、さらにその方向に相場は進みます。構造的なものとは、貿易にかかわる売買はもちろんですが、割高から割安への資金の流れも同様です。高金利とは割安を意味しますから、資金を引きつけます。円高時の海外旅行は割安なので、人を引きつけます。規制のない自由な市場では、割安のものは割安感がなくなるまで買われ続けるといえます。ここで安全性や流動性が、意識的、無意識的に考慮されるのはいうまでもありません。

一方、目先の材料に泳がされて、一時的にポジションを膨らませているだけであれば、市場心理は逆方向への暗示となります。

米国株式市場に「オッドロット（Odd Lot）の空売り」という、注目に値するテクニカル指標があります。オッドロットとは単位数に満たない端株をいいます。単位株も扱えないような資金力のない個人投資家が、端株ででも空売りを仕掛けてくる。それほど相場は弱気一色に染まりどん底を迎えているのです。そしてそこは文字どおりのどん底で、オッドロットの空売りがあるレベルにまで達したならば相場は上向くことになっています。テクニカル上の買いサインなのです。市場心理を最

【オッドロット】Odd Lot。売買単位に満たない株式。端株

もよく反映するオッドロットが、市場心理と逆方向のテクニカル指標となっているのは興味深いことです。

市場心理は相場を後追いする傾向があります。相場の方向を追認します。すなわち市場心理が強気だから相場が上がったというよりは、相場が上がったから皆が強気になったのです。したがって、相場に遅れてきた市場心理をさらに後追いしていたのでは、相場の先行きは皆目分からないでしょう。

相場をつくっているのは人ですが、人の心はポジションによって変えられます。ポジションを読んで市場心理をうまく利用すると、鬼に金棒なのです。

45 ポジショントークはこう聞く

「里がへり夫びいきにもう話し」

この有名（？）な川柳は、初々しい新妻の、いきいきとした様子を描写していながら、ポジショントークの本質をも、よくとらえているようで滑稽です。

初めての里帰りで、新妻はもう亭主の肩を持って話すというのです。彼女は夫というポジションのリスクを取ったがために、何が何でも自分の行為を肯定しようとしています。このとき、彼女が本当に夫に満足しているかどうかは、別問題です。結婚というのも面白いもので、婚約中、結婚前夜までは、彼女にとって彼は最も近い他人です。したがって、彼を理解しようと努め、良い面を見ようとします。ところが、一夜にして彼は、その時点では彼女から最も遠い家族に変わり果てるのです。育った環境、食べ物の好み、日常のささやかな行為のひとつひとつが、家族としては見慣れないものばかりなのです。腹の立つことも多いでしょう。夫婦が文字どおりの、最も近い家族になるためには、まだまだ時間を要するのです。

ポジションも同様で、持ったポジションが必ずしも利益につながるわけではありません。買った途端に値下がりして、苦しみ抜くポジションもあります。それでも買った以上、保有している以上、彼は自己のポジションを正当化せざるを得ないのです。本当は損失を実現したくないだけなのに、現状を肯定するありとあらゆる「へ理屈」が用意されます。また、ポジションも持ってしまうと、後悔しているポジションですら、何らかの思い入れが出てくるものです。いずれにせよ、ポジションを保有している理由を肯定しなければ、自己矛盾に至ってしまうのです。

ディーラー同士の相場観の交換というと、何やらプロだけで通じ合う難しい話のように聞こえるでしょうが、どのような難解な言葉を用いていようと、単なるポジショントークの言い合いをしていることが多いものです。かくいう私なども同様で、ポジションを持つ前ならともかく、持ったあとに反対意見など聞かされてもありがたくも何ともありません。かくして、同じような立場の人間が集まって、お互いを慰め励まし合うことになります。

実はこれが危険なのです。同じ方向にポジションを持った、似たような意見の人とばかり話していると、バランス感覚を失ってきます。のみならず、何度も同じ相場観を繰り返すうちに、自分の話に酔ってきます。相場観など、単なる仮説にすぎないのに、事実のように思え「どんと来い」となってしまうのです。

相場観の一致は要注意です。似た相場観は似たポジション、すなわちポジションの偏りを意味しています。

例えば、ポジションがショートに偏ると、弱気の話ばかりが聞こえてきますが、その実、買い戻す必要のある人ばかりになっています。ささいなきっかけでも自律的に大反発する危険が迫っているのです。ポジショントークは、このように聞かねばなりません。

46 Buy the rumor, sell the news

公定歩合下げにもかかわらず債券市場は急落したとか、不良債権の公表を株式市場では好感して上げたとか、相場の世界では、一般の常識をもう一ひねりしないと理解しがたいことが往々にして起こっています。

これを一言で説明する言葉が「Buy the rumor, sell the news」です。「Sell on the fact」ともいいます。

相場では、買われてから買っていてはもう遅い、常に人の先を行けといいます。決定的なニュースがでてしまったあとでは、いわゆる材料出尽くしとなり、そこを高値、安値として、相場が反転することがよくあります。人の先を行くためには、まだ噂の段階で買い始めないといけないのです。

何回目かの公定歩合上げの観測が出て、債券相場が長期にわたって弱含むとき、「相場が底を打つためには、公定歩合がもう一度上がらねばならない」とか、「公

【Buy the rumor, sell the news】直訳すると「噂で買って、ニュースで売る」

定歩合が上がるまでは買えない」などという声が聞こえ始めます。相当の期間にわたって下げ相場が続き、ショートポジションを持ち続けることが苦しくなり始め、いい加減ポジションの手仕舞いによって自律反転してもおかしくない地合になってきていても、ここで公定歩合を上げられたらと思うと、買いの手が引っ込んでしまうのです。相場がここまで公定歩合の引き上げを織り込んでしまうと、実際の公定歩合上げのニュースはむしろ買い材料になりえます。また、この場合にも「0・5%なら織り込み済みで買いだが、さすがに1%なら売り」、あるいは「0・5%残尿感が残り、あと0・5%上げの期待がでて買ってゆけないが、1%がでると買い」などと、公定歩合が上がるにしても、市場の内部状況を反映して、その上げ幅で売り買い逆の材料にしてしまうことができるのです。

相場を動かしているのはポジションです。1年間のロングポジションは1年間、1カ月間のロングポジションは1カ月間、日計りのロングポジションはその保有している数時間だけ相場を押し上げています。そして、そのポジションを閉じにきたときは、当然のことながら売り圧力となるのです。

公定歩合の下げ期待でロングポジションを作っている人は、その期待が続くかぎりにおいて相場を支えます。そしてその期待がなくなったとき（実現も期待の消滅

【自律反転】相場が外部の材料でなく、内部要因だけで反転すること

を意味します）、彼はそのポジションを閉じるために売るのです。材料がすっきりと出尽くさないような、いわゆる残尿感が残るときは、予想よりも小幅の引き下げだったために再利下げの期待が起こり、いったん売られたとしても、再び押し目では買いが入る形で、相場を押し上げていきます。このロングポジションも期待が続くかぎりであって、いつか売られることになっていきます。

相場は期待を買って（売って）います。期待が実現、あるいは消滅したときは、一種の空白感が市場を支配します。達成感ともいいます。そのときディーラーは本能的にポジションを閉じ、次の行動に備えます。そしてそのニュースの相場に与える影響、すなわちそのニュースが相場にどんな新しい期待を抱かせてくれるのかを判断したうえで、次の行動に出るのです。

「Buy the rumor」とは夢を買えということ、「Sell the news」とはその実現、あるいは消滅を売れということです。

【公定歩合】日本銀行が民間銀行などに貸付けるときに適用する基準金利のこと。政策金利の一つ。まるこう

47

順張りか逆張りか

相場の基本は順張りです。

相場で最も大切なのは方向だからです。しかし、目の前の相場の位置というものがあり、あえて流れに逆張りで向かわねばならないときがあります。皮肉なことに順張りよりも逆張りのほうが儲かる場合も少なくありません。もっともこれは買われたところを売り、売られたところを買うという逆張りの性質を考えるとき、当然といえば当然です。

ときに動きを止めたかに思える相場も、また、一方向にしか進んでいないように思える相場も、実は常に上下動を繰り返しています。長い期間をとってみても、一日のなかの動きをとってみても、価格は絶えず上げ下げしているのです。すなわち、相場の値動きは直線的にとらえられるものではなく、波動曲線を描くものとしてイメージされねばなりません。

【順張り／逆張り】流れに沿うのが順張り、あえて逆らうのが逆張り

あえて強調するならば、為替や金利の相場ではその値動きの10回のうち8～9回までは、一定のレンジ内の動き――ボックス圏――に収まります。これはポジションが膨らむとしぼみ、しぼむと膨らむという性質ゆえです。膨らみ続けるポジションもなければ、だれもポジションを取らない相場は、もはや相場とは呼べないでしょう。これは日計り等、ポジションの保有期間の短い人が市場の大勢を占めていることを意味しています。

また、一定期間ポジションが膨らんだあとは、RSI系のテクニカル指標などがこれに「売られ過ぎ、買われ過ぎ」のシグナルを出すために、ますますポジションがスクウェアになる傾向を助長します。加えて支持線の手前では買いオーダーが予想され、抵抗線の手前には売りオーダーが並ぶのです。とくに、外為市場ではオーダーの量が大きいために、レンジ内にいる間はきわめて安定した値動きである感を与えます。そして抜けるときは、意外なほど大きく抜けるのです。ここでもレンジの外にあるオーダー、損切りや新規ポジションのためのストップオーダーや、売り買いの指示を出すテクニカル指標などがその動きを助長します。

一度抜けてしまうと、そこで新たなレンジを形成し、その外堀を売り買いのオーダーが埋めていきます。いわばひとつのレンジから次のレンジへの移行を絶えず

【レンジ】ボックス圏の幅のこと

行っているともいえるのです。

この性質を理解していれば、1回で抜く5円よりも、片道1円往復2円を8回繰り返すほうが、はるかに効率的だということが分かります。そしていよいよレンジが抜けてやられたとき、損切りと同時にポジションを入れ替えて倍返しをし、順張りで残りの相場をとりにいくのです。

順張りか逆張りか?

あえて決めつけるならば、値動きには順張り、市場心理には逆張りで向かいます。

したがって、高値警戒感が市場を支配しているときはまだ買えますし、こんな大底で売れるかといわれるときは売ってよいでしょう。

そして市場心理が値動きを追認し、総強気、総弱気となったときに逆張るのです。

48 指値は是か否か

酒田五法には「指値《さしね》はチャンスを逸する。仕掛け、手じまいに指値を不可とす」とあり、以下のように味のある説明がなされています。「世に〝スレ違い〟の悲劇あり、相場の世界でもウエットは禁物。男性的に出所進退を明らかにすることが肝要。つまらない〝条件〟などにこだわっていると、幸福のキューピットは向こうから逃げていく。チャンスを逸し、悔いを千載に残す」（『酒田五法は風林火山』日本証券新聞社刊）

指値を用いる投資家やディーラーは多いと思います。私もストップロスのオーダーを含め、指値は日中、夜間を問わず四六時中入れていました。指値は、中長期の投資家にとっても、それなりの値幅を狙うディーラーにとっても、極めて有効な手段となっています。

投資の基本は割安を買い、割高を売ることです。アウトライトでのキャピタルゲ

【酒田五法】江戸時代の相場師、本間宗久が編み出したといわれるローソク足の分析手法

インを狙う取引での割安とは価格波動の底、割高とは価格波動の頂点、と言い換えることができるでしょう。投資の動機が実体経済のファンダメンタルズやほかの商品と比較しての割安感だったとしても、単一商品に投資して収益を上げるには、その商品の安いときに買って、高いときに売るよりほかに方法はないのです。売り買いの時間の後先は問いません。

投資を始めるときの動意は何でしょうか。目先のニュースに飛び乗って、鞘抜きを狙うばかりではないでしょう。じっくりと投資環境を分析し、自分の投資尺度にあったものを買いにいくのです。また、アナリストの推奨に応じて、投資を決断する場合もあります。

そして買うと決めたそのとき、自分が目の前にしている銘柄がたまたま相場の底、割安が割高に変わる転換点である確率は、極めて低いでしょう。買うと決めたら買うのだと、男性的に価格波動の頂点近くを買って、それでも儲かるというようなものではありません。買いのタイミングをとらえることは、ときには銘柄を選ぶ以上に大切なのです。

ディーラーにとっても指値は有用です。ディーラーのポジションは評価損に対して、極めて弱いからです。大局的な相場の方向が合っていても、ささやかな価格の

【指値】ある価格で買う・売るというファーム・オーダー

【ファーム・オーダー】ソフト・オーダー（気配）に対し、その価格では確実に売り買いするオーダー

ぶれや揺り戻しによって損切りさせられたあとでは、全く意味を持たないのです。

したがって相場に入るレベルが重要です。レベルがしっかりと決まったなら、指値はむしろ潔いといえます。過去の値動きを検証してここなら割高、割安と売り買いを仕掛ける、または手仕舞うときに使うのが指値です。

ディーラーはしばしば狩猟民族や肉食獣に例えられます。そういったハンターが獲物を捕らえる瞬間は、躍動的で男性的に写ります。しかし、ハンターの日常の大半の時間は「待ち」に費やされます。一撃で捕らえられるところに獲物が来るのを、息を潜めて待っているのです。

指値が万能だとは思いません。私自身「指値」と「建値をたたく」を併用していました。何がベストかは、そのときそのときによって変化します。指値もまた重要な選択肢のひとつなのです。

【建値をたたく】マーケットメーカーが提示しているオファーを買う、またはビッドを売ること

49 飛び込み ―今日の高値は明日の安値―

今日の高値は明日の安値。

おそろしく、いい加減な言葉です。そういう言葉の端から舌をちょろっと出していそうな、大変愛嬌のある言葉です。それでいて、なかなか含蓄があるのです。

金融商品にとって高いということは致命的です。割安ゆえに魅力があったのです。買われてしまった高値を買いにゆくのは愚の骨頂、１００買って90売られるのが底値切り上がりの上昇相場、たとえ買い材料があったにしても買われたあとを買うのでは能がない――至極ごもっとも。投資の本道です。だからこそ「今日の高値は明日の安値」と念仏のように唱えでもしなければ、とても恐くて買えない。しかし、そこまでしても買いたいときがあるのです。

相場が異常人気で、高値をつけるとします。多少の戻しがあったあと、二番天井をつけにゆきました。型どおりに売られて、上値が重いという感じが残ります。当

【上値が重い】価格が伸び悩んでいる状態

然高値近辺には、しこり玉ができて、その辺に売り注文がずらりと並ぶでしょう。ここまで一本調子で上がってきたのだから調整も当然で、ついに相場は下を向いたと皆が思います。

ところがここで新たな買い材料が出ると、一転して高値を抜き、並んでいた売り注文をこなしてしまいます。こうなるともう売れません。確かに高値なのは分かっています。しかし、売りたい人が売り終えた相場なら、買ってゆくしかないのです。今までは高くて買えませんでした。しかし高値を抜いてきたなら、今度は買えるのです。

相場の上げ局面の最初のころに買った人、すなわち、ここまで利食わずにポジションを持っていて、明らかに戻り高値と思えたところでも売らなかった人は、もう売りません。彼らは相当に相場が下がっても売らないでしょう。彼らは相場が下がるリスクよりも、再投資リスクなど上がるリスクのほうを見ているのです。

高値圏でしこっていた人、この人たちはやっと利食える位置にいます。しかし上げ相場で追っかけて買って、しまったと思う間もなく浮いてしまったなら、もう一度欲が出てきます。

また売り注文がはけてしまっているので、全体にポジションは軽くなっているこ

【しこり玉】高値を買ってしまい、売るに売れないでしこってしまったポジション

とでしょう。もう一段買い上げる余力ができているのです。一方、上げ相場を見てきたあとで、新たな買い材料が出てしまったのなら、売り手は退却せざるを得ません。また、高値を買いに新規のポジションを張ってくる、私のような連中も必ずいるのです。もう一段の上げがあっても不思議はありません。

こんなときはあえて高値を買いにゆきます。指値でなく建値をたたきます。遊び心です。危険は百も承知です。今度下げたら、そのときの下げは大きいに違いありません。そんなことはだれもが分かっています。だからこそ、逆に上にいった場合には慌て出す人が多いのです。目先の相場に理屈をこねても始まらないこともあります。小川にかかる腐りかけた木の橋よりも、落ちたら恐い渓谷にかかる鉄橋のほうが、恐怖感はあっても安全なのです。

「今日の高値は明日の安値」は宵越しの金を持たないディーラー向きの言葉で、中長期のポジションを持つファンドマネジャー向きではないでしょう。しかし、相場とは恐ろしいところで、あるときを境に相場付きが全く変わってしまうことがあるのです。

今日の高値が、向こう何年間もの安値にならないとはだれにもいえません。

50 高値波乱は受けてみる

無理が通ると道理が引っ込み、いろんなところに、矛盾や不都合が生じてくるものです。

為替や金融商品の相場は各々が相互にかかわっており、また実体経済とも密接な関係があります。

例えば、円安が進むと輸出が増え、貿易黒字が拡大し、景気は上向くでしょう。輸入物価の上昇によって、インフレの芽が出てきます。円安、好景気、インフレ懸念はすべて金利には上向きに働きます。株価にも当面は上向きに働くでしょう。一方、貿易黒字の拡大は将来の円高要因となり、金利や物価の上昇は、景気にも株価にも悪影響を与え始めます。すなわち、為替も金利も株式も相互に関連しながら一方向へ突っ走れば突っ走るほど、反対方向へ向かうエネルギーをため込んでいくのです。投機筋のポジションも一方向に膨らめば膨らむほど、収縮するときのエネルギーは大きいといえます。結果として、相場は常に行き過ぎと反動とを繰り返します。為替や株式はそれでも大きなトレンドを形成しますが、通常金利は循環するのです。

異常な高値は、商品そのものの魅力を減退させるだけでなく、株式や債券の新規発行や借り換えを促します。値上がり期待のみで無理にポジションを膨らませた買い手のコスト負担が大きくなり、無理がきかなくなってきます。体力のない者から脱落者が出始めます。いつのまにか、売り手と買い手の力関係が逆転しているのです。そのうち、大口の売り物が出て、相場は急落します。

しかし市場心理は依然強気であり、これまで買い損ねたと待ち構えていた連中が押し目買いに出て、再び相場を持ち上げるでしょう。無理やりに前の高値を抜くことすらあります。ここで前の高値圏でつかまっていた連中のやれやれ売りが出ます。実需筋の売りも出て、また急落します。下げればまた買いが出ます。これがいわゆる「高値波乱」です。「波高きは天底の兆し」ともいいます。前者は状況を描写するだけの言葉であるのに対して、後者は状況からの推理があります。

相場が転換点を迎える直前、すなわち高値（天）安値（底）近辺にいるときは、売り手と買い手の力関係がすでに逆転しているにもかかわらず、相場に後追いで押し目買いや、戻り売りをする人が多いために値動きが荒くなります。今まで、一方向にきていた相場の値動きが激しくなると、要注意でしょう。安心して保有していてよい相場ではなくなってきています。

高値波乱は受けてみましょう。落ち始める前の高値、最初の急落時の安値を手掛かりに、そのレベルに若干余裕の幅を持たせて、上がってくれば売り、下がれば買いと繰り返します。波乱と呼ばれるだけあって、けっこう値幅がとれるものです。

高値を抜けばもう一段の上げ、安値を更新すると本格的な調整の暗示ですが、ある一定の日柄を消化したあとに起こったなら、転換点近しとみて、下への備えに重点を置いてください。

51 値ごろ感に要注意

「円債で3％、ドル債で5％は値ごろ感からみて買ってゆける」
「パーを割れたら、とりあえず値ごろ感からの買いが入るだろう」
「ドル円、110円は値ごろ感からみて買いだ」
「日経平均の1万6000円割れでは、値ごろ感が出る」

このように、市場参加者は値ごろ感という言葉をよく使います。たいていは、そのとき取引されているレベルから多少離れたレベルを指すことが多いのですが、遠く離れたところに、確固たる値ごろ感を持っている人もいます。

値ごろ感とは値覚えともいい、過去の相場の値動きに培われたプライス感覚です。したがって、長く相場に携わっている人ほど、しっかりとした値ごろ感を持っているものです。値覚えのほうが思い込みが激しく、そのためあまり良い意味では使われないようです。

為替、金利、株式に限らず、あらゆる商品の相場で最も注意を払わねばならないのが、この過去の値動きというものです。チャートは過去の値動きのグラフ化にほかなりませんし、フィーリングでやっているとうそぶく人ですら、以前にあった値動きを記憶しており、実はそれに頼っています。

しかし、彼らは値ごろ感では取引をしません。値ごろ感での取引と、チャートやフィーリングに頼る取引との根本的な違いは、値ごろ感には思い込みからくる確信に似たようなものがあるのに対して、これらほかの過去の値動きにならう手段は過去の値動きを単に参考としか見ない点にあります。

前の安（高）値でサポートされると、チャートでは二番底（天井）となって買って（売って）いけるのですが、安（高）値を抜けると安（高）値更新で売り（買い）サインとなります。フィーリングでやっている人も、テクニカル用語を使わないだけの話で、要は同じような動きをします。

このときフィーリングでやっている人は、チャート信奉者よりもさらに柔軟に対応し、安値が抜けたからといって必ずしも売りには転じないでしょう。場の勢いや値動きを見て、初めて売りに出るのです。なぜなら安値が抜けたからといって必ずしも相場がくずれてしまわないのを、過去の値動きで知っているからです。安値が抜けたのにくずれずに反発してしまったような場合、チャートでは「サポートを抜けたとはみなさない」などという妙な表現をし、二番底として扱います。つまり、チャートとてその解釈は相当に柔軟なのです。

値ごろ感が本来的に過去の値動きに根ざしているのにかかわらず、人に説明し難い主観的な様相を帯びているのに対して、チャートの優れた点は誰が見ても一目瞭然、客観的なところです。相場では物事を、自分自身をも含めてできるかぎり客観視できる者が最後の勝利を得ます。感性など誰でも持っているものなのに、俺は感性やフィーリングで勝負をするという人は、自分を客観視できていないといえるでしょう。チャートをあまり信じない人も、一度過去の値動きをチャートで追いながら、ある局面、局面で自分がどのようなフィーリング、どのような相場勘を抱いていたか検証して見るとよいでしょう。上手くいった局面では自分がいかに合理的に、あたかもチャートを参考にしたかの如くに振る舞ってきたかに気付くはずです。

値ごろ感は程度の差こそあれ、だれしも持っており、相場の底をうまくすくったりできるのですが、それへの過信は禁物です。値ごろ感の持つ過去の値動きの記憶など、たかがしれています。相場環境は日々に変化しているのに、価格水準だけ覚えていてもあまり意味がないのです。

値ごろ感の代用は、客観的に値動きを判断できるチャートで、十二分に務まるでしょう。

52 値ごろよりも日柄

値ごろよりも日柄。

値ごろ感とは、過去の値動きによって培われたプライス感覚。このレベルでは売り、このレベルでは買い、といった相場の経験豊富な人が持つ価格への感応でした。そのなかでも最も強固な、いうなれば頑固な値ごろ感をもつ人々に対しての警鐘として、この言葉はあります。

相場の値動きは、上がったり下がったりの波動曲線をイメージしてとらえられます。このときの上げ下げの縦軸はもちろん価格で、横軸は時間となります。テクニカル分析でも、ポイント&フィギュアなどの時間の概念をあえて排除したものを除くと、時間は非常に大きな意味を持っています。すなわち、相場がこなれるのには、時間が必要なのです。

相場でよく使われる「買いが多い」「売り一色」などという表現は、いわば比喩

【ポイント＆フィギュア】時間の概念を排除し、相場の方向性を明確にしようとするテクニカル分析法。詳細は『最強のポイント・アンド・フィギュア分析』（パンローリング）を参考にしてほしい

であり、実際の相場では買い手と売り手とが一対一でのみ取引が成立することを思い出してください。買い手と売り手とは常に同数です。あるのは売買に至る必然性や、意欲の大小だけなのです。買わなければいけない人、どうしても買いたい人に、いやいや売り向かった人はそのショートポジションをカバーします。すなわち、売り手がすぐに買い手となって出現します。こういった状態を程度に応じて「買いが多い」とか「買い一色」と表現するのです。これをポジションの保有期間という観点からみると、買い手が長く保有するのに対して、売り手は瞬時にカバーしています。皆（量が大きい）が買いたい相場で、売り手がすぐにカバー（保有期間が短い）すれば、価格は上昇するしかないでしょう。

市場での売り買いで、似たようなポジションを相殺してみてください。日計りの売りには日計りの買いを当てるというふうに。最後に残ったミスマッチの部分の力関係（ポジションの保有期間の長短）によって、大きなトレンドの方向が決定されます。そして、保有期間の長短の綱引きによって、価格波動が形成されるのです。

輸出入などの実需を除いては、ポジションの保有期間には限りがあります。買われた相場は早晩売られるのです。したがって、相場の先行きを予測するには、トレンドを示唆する経済のファンダメンタルズを理解することに加えて、価格波動を演出する投機筋が、どれくらいの期間ポジションを持ち続けるのかを探る必要があるでしょう。もちろん、材料によってそれは変化しますが、「新値八、十手では利食え」だの、「連騰が何日以上続けば要注意」だのと、日柄に注意を促す言葉が多いのは、投機家たちがポジションを保有している期間に一定のパターンがあるためなのです。

値ごろ感にこだわって日柄を見ないとあとが恐い、というのが「値ごろよりも日柄」なのです。

53 レベルにきたときがタイミング

「レベルにきたときがタイミング」。「値ごろよりも日柄」に相対する言葉として、頭に入れておきたい言葉です。

言葉とは恐ろしいもので、いったん納得して独り歩きさせてしまうと、今度は逆に使用者を制約にかけてきます。言葉の暗示が人をその方向に進ませるのです。私は本書で相場の必勝法を述べているのではなく、合理的なアプローチを述べています。相場の理解を深め、勝つ確率を少しでも高めてもらおうとしています。したがって「日柄を見ないとあとが恐い」などという暗示めいた言葉のあとには、暗示を解く必要を感じるのです。

チャートを吟味し、価格形成にある法則性が見いだせたとします。価格は波動を伴いますから、ある時期に、ある価格水準に到達するのが予測できるでしょう。ところが、そのレベルに、予測よりもはるかに早く到達してしまいました。どうすればよいのでしょうか？

値ごろよりも日柄とは、相場の縦軸である価格水準よりは、横軸である時間、日柄に重きをおけという程度の意味でしょうか。しかし、日柄にこだわって絶好の買い場、売り場を逃してしまったことが、私には幾度となくあります。罫線読みの相場知らず。芸に溺れてしまうのでしょう。

相場の値動きは基本的に天の邪鬼です。市場には人の裏をかこうとばかり考えている連中が集まっているのですから、約束どおりの値動きを期待するほうが甘いのかもしれません。何回か似たような動きを繰り返したあとで裏切る。ふと気がつくとまた同じような動きを繰り返している。それを信じるとまた裏切る。そんなことの繰り返しです。したがって、過去の値動きのパターンの分析から、この時期にこのレベルと待ち構えていても、ときには早く来すぎるし、ときにはいつまで待っても来ません。ときには待つのをやめたころにやって来ます。チャートの見方や、需給分析が正しく、相場の方向が当たっていてすらこれなのです。

値動きについていくのが基本なら、レベルも日柄も共に的を射ないということができます。しかし、1年中24時間、ずっと相場に張りつくわけにもいかず、また値動きに振り回されるのを防ぐためにも、しっかりとしたレベル感や、時間の感覚が必要なのも確かでしょう。

レベルと日柄。では、どちらをとればよいのでしょうか。

両方揃えばもちろん問題はありません。一方だけならば先に来たほうをとります。相場には達成感というものがあります。レベルがあえば達成感がでるのです。一方、レベルに来なくても一定の期間を消化すると、言い換えれば日柄を満たせば、持ちこたえられなくなったり我慢できなくなったりする輩が出始めます。結果的に相場は転換点を迎えることになります。

値ごろよりも日柄。レベルにきたときがタイミング。どちらも転換点の暗示といえるのです。

54 押し目買い、戻り売り

押し目買いに押し目なし、とはよくいったものです。

押し目買いとは売られたところを買うことです。しかし、そのままずるずると下落されたのではたまりません。よって、明らかな上昇トレンドと思われるときに限る、という前提条件が付きます。しかし上昇トレンドが確認できるようなときは、なかなか思うように下がってはくれないものです。押し目はなかなか買えないのです。

人が押し目買いをいいだしたなら、相場はまだ上がるとみてよいでしょう。買いたい人が買えてないのです。そんなときは機先を制して買ってみましょう。押し目買いをいいだしたときから、人は買うことに決めています。押し目であろうが高値であろうが、彼らはいずれ買いにくると見ていてよいのです。よくあるパターンは、押し目を買えず、じれて、すっ高値を買うことです。

【押し目買い】上昇トレンドでの価格の上下動で、ひときわ下げたところを買うこと

他人と歩調を合わせていたら、なかなか儲けることはできません。相場と歩調を合わせるべきなのです。

押し目を買えず、皆が高値を買ってしまった相場は、早晩調整を迎えます。とくに、タイミングよく悪材料でも出ようものなら、予想以上の下落を見ることが多いのです。上昇トレンドが長く続き、コストの悪いロングポジションが膨れ上がったところに出る悪材料なのですから、我先にと利食いがでて当然でしょう。

しかし、一時的な売り圧力の嵐が過ぎ去ったと見えたなら、ここはすかさず買いを入れる局面です。「初押しは買い」でよいのです。

しばらく上昇相場を経験してくると、どうしても買い損ねた人や、利食いを早くしすぎた人が出てきます。彼らは、今度下がったら買いだと待ち構えている場合が多いのです。押し目を気長に待ち続けている人もいます。また、長く続いた「買いたい」という気持ちを、たったひとつの悪材料だけで捨て去ることなどできません。気持ちの切り換えというのはそれほど容易にはできないことになっています。上昇トレンドもしばらく続いてしまったなら、ひとつの悪材料だけでは押し切れないといえます。最初の押し目は買えるのです。

たったひとつの悪材料では押し切れなかった相場も、悪材料の連続パンチには、意外にもろいところをみせます。またそのようなときは悪材料にばかり目がいったり、以前は買い材料に使ったのと同じ材料を、今度は悪く解釈したりするものです。つまり、市場は買い過ぎてしまっているのです。こうして、相場は高値波乱と呼ばれる様相を帯びてきます。買い手も売り手もそれなりに頑張っています。このような高値波乱の局面は下がったら買い、上がったら売りと、しばらくの間、受けてみます。

売り物を全部こなして上に抜けるようだと、もう一段の上げが期待できますが、最初の押し目の安値を割り込むようだと、見切り時です。そんなときはもう一段の下げなどという生やさしいものではすまないでしょう。本格的な調整、または下降トレンド入りといえます。何らかの理由で上がればたたく、戻り売りの出番です。この場合も、人が戻り売りをいい出したなら、機先を制して建値をたたくのがよいでしょう。

戻り売りに戻りなし、ともいうのです。

【戻り売り】下落トレンドでの価格の上下動で、ひときわ上げたところを売ること

55 買いたい弱気

　ある程度上昇相場が続いてきて、はた目で見過ごしてしまった良識ある人々が、ことさらに高値警戒感をいいだしたなら、それは「買いたい弱気」である場合が多いようです。子供でもあるまいに、手の届かない好きな女の子の悪口をいってみたくなるようなものです。

　投資の基本は、割安を買い割高を売ることにありますから、買われてしまったあとの相場の魅力は薄いといえます。しかし、相場を取り巻く環境は刻一刻と変化しています。昨日割高であったものが今日は割安になっている、というようなことも起こりえます。端的な例が、自然災害や政治的異変でしょう。環境が変われば、物の価値も変わるのです。もともと金融商品の価値は相対的なもの——割高か割安かだけ——であって、絶対的な価値などはないのです。相場は美人投票だといわれるゆえんです。したがって、昨日の価格よりは明らかに高くても、相場環境やほかの商品との比較ではまだまだ割安である場合も少なくないのです。

例えば、十分に金融市場が機能している国の、株式のヒストリカル・リターンが10％だったとします。債券の利回りが10％を下回ってくると、株より割高だ、と考える人がいるかもしれません。

ところが、株式は発行体が倒産すると紙切れになってしまう恐れがあります。一方の債券の元本、利払いは基本的に保証されています。保証の度合いが低い劣後債や、倒産の危険性の高い発行体の債券には、危険性に応じた利回りのスプレッドが上乗せされており、リスクとリターンのバランスが計れるようになっています。また、株式のヒストリカル・リターンは必ずしも今後のリターンを保証するものではありませんが、債券の利回りは償還まで持ち切れば、それだけ確保できます。

したがって、債務不履行の危険性の最も低いとされる国債やトリプルAの一般社債の利回りが10％というのは、株式のリターンの10％とは全く意味が違うのです。株式のリターンと同等になる、はるか手前に債券の買い場があると思ってよいでしょう。そのときの、株式の期待収益がさらに低ければ、債券の割安感はそれに順じて増します。インフレ率の低下期待は、債券の額面の価値を高めますから、債券の割安感が増します。仮にそのときの債券相場が相当に買い進まれていたとして

【ヒストリカル・リターン】長期にわたる運用実績

も、株式や実体経済との比較ではまだ割安かもしれないのです。あるひとつの金融商品の相場つきだけをみての高値警戒感は、必ずしも的を射ないといえます。

まだ買ってない人々が、高値警戒感を言い、弱気な発言を始めるときは、下で買いたいがための弱気である場合が多いのです。彼らは相場が下がって欲しいのです。下がって安くなったところを買いたいのです。

買いたい人が買えないで待っている相場は「押し目買いに押し目なし」なのです。

56 回転を利かす

日々の相場の動きは、あまりにありきたりで覚えていないものですが、大きな材料があったとき、大きな動きがあったときのことは、記憶に鮮明なものでしょう。場数や経験がプロを育て、さらに困ったときの手助けにもなるのは、言うまでもありません。ところが、過去の大儲けの記憶が、プロを金縛りにしてしまうこともあるのです。

相場が思惑とは逆に行って、慌てたりうろたえたりするのではプロとして未熟です。相場観はよくはずれるものですし、逆に行く危険性があるからこそ、プロが必要なのだともいえます。「損切りは簡単だ」とあえて断言するのは、相場が自分の考えと逆に行っているからです。逆に行けば、プロは慌てず騒がず損切るのみです。悩みや迷いを介在させる余地すらありません。そのように機械のように冷徹なプロが、人間としての弱さや甘さを見せるときは、それは相場が自分の言うことを聞いてくれるときです。

ポジションを取ってから、相場が思うように動いてくれると、だれしもわきが甘くなるものです。こんなときに誘惑にくるのが大儲けの記憶、成功体験です。相場ではどの局面も新鮮で独自のものであるにもかかわらず、うまくいった過去のパターンを踏襲してしまうのです。利食いが難しいのは、自分の判断が少なくともここまでは正しいためです。正しい判断をしてきた自分を、これからも正しいと信じたとして、だれが責められるでしょう。

自分に相場が見えていると思えるときの落とし穴は、いつまでも見えていると思いがちなことです。しかし、もともと相場に実体はなく、実体らしき虚像があるだけです。自分が描いている虚像がたまたま実体に近い間は、相場がよく見え、相応に儲かりもします。

ところがその像はつかまえどころがなく、絶え間なく小さな変化をし続けています。いつのまにか、自分が描いている虚像は限りなく実体らしきものから乖離してしまい、ただの空想物語に成り下がります。同じ見方では儲からなくなり、相場を見失うのです。光はよく屈折し、人に蜃気楼を見せます。相場も屈折の幅が大きいと、虚像は実体から大きく乖離してしまいます。

また、相場は運も大きな要素を占める勝負事です。乗っているときに、かさにかかって攻めたいとは、勝負をする人間ならだれしもが思うことです。運や勝ち負けにもトレンドがあり、勝っているときはまだまだと思いがちです。相場に勝つには、確かにそういったトレンドをつかまえ、走らねばなりません。自分が乗っているときに、どれだけ儲けることができるかで、その年の勝負が決まるともいえます。ときにはいちかばちかで目をつぶって走りたいときがあるものです。しかし、そんなものに勝ったところで、一時的なものではあとが続きません。長く安定して儲けるためには、常に冷静さを保つ必要があるのです。そして、冷静さを取り戻す最良の方法は、一旦ポジションを閉じ、しばらく距離を置くことです。自分だけが走っているのではないのです。

千載一遇の好機とは、千年に一度しか巡り会えないような好機という意味です。冷静に考えればあり得ない好機なのです。日常に起こり得る目の前の相場が、それであるとは考えないほうがいいでしょう。無理があるなら、今を捨てても、必ず今くらいの好機は訪れるものです。「今しかない」という考えは、刹那的で魅力的ではあるのですが、熱すぎて勝負には向かないといえます。玉砕戦法は機能しないものなのです。

プロや専業の投資家は、一回の好機で大儲けを狙うのでなく、いつも安定して儲ける人種なのです。千載一遇の好機は、その人の引退直前に来るのかもしれません。それをものにすれば、その人は「上がり」なのですから。

どんな場合にでも、制限一杯まで膨らませたポジションは閉じねばなりません。売らないと買えないのです。ポジションは回転させてこそ活きるのです。

57 買い乗せは2回まで

勝ちを大きくするための急所は、買い乗せです（売りから入った場合には、売り乗せ）。利食いを引き延ばすだけではありません。さらに買いを膨らませて、攻め続けるのです。

相場の天底で全額を注ぎ込むのは容易ではありません。また、常に底がどこかを試行錯誤し、損切りを繰り返しながら探してゆくわけですから、全額をいきなり注ぎ込むのは得策とは言い難いのです。

しかし、いったんトレンドを確認したなら、小さな額などで張っていてはらちがあきません。そこで行うのが買い乗せです。当然買いコストは上がってしまいますので、そこから下がれば利益は減ります。しかし、ゼロになるまでには手仕舞うことができるしょう。買い乗せして、そこから上がれば、ポジションが大きい分だけ利益も大きくなります。リスクが少なくて、期待利益が大きいという、絶好の攻め

【買い乗せ】評価益があるときに買い増すこと

場なのです。

買い乗せのタイミングは、抵抗線を抜いてゆくときです。ふつう、抵抗線の近辺では反発の兆しがあるものなのですが、ここでの利食いを慎重にこらえ、抜けたと見るや買い乗せで勝負に出るのです。下げ相場では支持線を破るときが、売り乗せのタイミングとなります。

買い乗せや売り乗せを繰り返して、ポジションをどんどん膨らませてゆく攻めの手法があります。末広に買う（売る）、英語ではピラミッディング（Pyramiding）といいます。形から連想されるように、ポジションは末広に大きくなっていきます。これは、当たれば当然大儲けになりますが、リスクも相応に大きくなっていきますので、大勝負に出ていることになります。

ただし、何度も買い乗せができるということは、当初のポジションが小さいことの裏返しでもありますので、あまり賛成できません。

買い乗せは2回まで。

すなわち、当初のポジションは限度額の3分の1以上を使います。そんなに使えないと思うプロはポジションを返上してください。個人投資家の方ならば、残りの資金をほかの物に投資してください。無駄に資金を寝かせることはありません。何段構えというと聞こえもよいでしょうが、例えば5分の1などはただの小出しにすぎません。戦力の小出しは、勝てるチャンスをみすみす逃すものです。

限度額に比べてはるかに小さなポジションはリスクも小さいのですが、当然限度額にふさわしいリターンも得られません。そこで起こりがちなことは、小さなリスクゆえの判断の甘さと、小さなリターンをより大きくするために、利食いをいたずらに引き延ばしてしまう悪癖です。利食いはあくまで、相場の転換点で行うべきです。収益目標などを頭に入れてはいけないのです。

さらに、小刻みな買い乗せは、アベレッジコスト的にも意味がありません。ある程度利益が乗っての買い乗せは、現実的には2回が限度でしょう。何度もチャンスがあると思う心にも、すきができるものです。買い乗せしたためにせっかくの利益をなくしたり、損失で終わってしまったり、という話は枚挙にいとまがありません。

買い乗せの難しさは利食いの難しさに通じます。逆に行けば、案外に早く利益などなくなってしまうものです。これを防ぐには、下での買いコストを忘れて、最後の買いのコストを全ポジションのコストだとみなすことです。要領は損切りと全く同じ。最後に買って下がり始めたなら、全ポジションを売り戻すこと。これだけです。

58 レンジ相場 ―効果的な「量のディーリング」―

ポジションの量と保有期間とが、相場を動かす決定的な要因です。だとすれば、恣意的に相場が動かせないものでしょうか。答えはいうまでもありません。

日本株市場で、円債市場で、かつての四大証券会社が猛威を振るっていた時期がありります。彼らが行ったことは、人よりも多く買い、人よりも長くポジションを持っていただけです。そして、彼らが抱えているはずの膨大なリスクは、彼らの後ろに控えているぶ厚い顧客の層が取っていました。言葉を換えれば、顧客がリスクを取りポジションを持つのを、彼ら証券会社が取次いでいたのです。証券会社による大口の買い物は相場で大きな影響力を持ちますが、営業力が強く、多くの顧客を抱えている証券会社は、そのリスクをうまく分散することができます。顧客が個人から機関投資家にまで及んでいたなら、もっとうまく分散できます。リスクをうまく分散できるからこそ、ますます大きなリスクを取ることができ、相場での影響力を高めることができるのです。相場の世界ではそういった力の論理が通用し、強者がますます栄えうる構造になっています。

証券会社に限らず、こういった力の論理は機関投資家にもあてはまります。大手の機関投資家とは、強い営業力を背景に、多くの顧客と大きな資産を持つところです。すなわち、彼らが取っているリスクは、突き詰めれば彼らの顧客が取っています。ここでも強者がますます繁栄することになります。メーカーはモノづくりが基本にあるかもしれませんが、金融機関の場合は顧客のニーズが先にくるのです。資金調達、新商品の開発、スワップの取り次ぎなどはもちろん、運用やディーリングでさえ上記のように顧客あってこそなのです。また、ポジションを読むということは、顧客の実需を読むことでもあります。

それでは日々の相場で、力の強い者がいつも勝つのかというと、そうはいきません。パワープレー、あるいは量のディーリングによって、力まかせに相場を動かそうとして失敗した例は、枚挙にいとまがありません。なぜなら、相場の世界にはそれほどの絶対的な強者など存在しないからです。市場は実体経済に支えられた資金の調達、運用、あるいは通貨交換のシステムです。そのシステムは多くの弱者が寄り集まって支えているといえます。これは相場の仕組み、つまり、富の分配、リスク分散、個人所有、市場原理などといった、資本主義の根幹に根ざしているのです。社会主義のように絶対的な強者のいるところでは、国家や党が値決めや分配を行うので、本来市場は必要ないでしょう（もっとも、そういったところでは、闇市場が本来の市場の役割をある程度果たしてきました）。いずれにせよ、市場で強者だと思われている者は、取るに足りない弱者集団のなかでの相対的強者にすぎないのです。狼を前にした強い羊にすぎません。

また、仮に実験室のようなところで、絶対的な強者がいる市場を仮定したとして、その強者は自由に売買することができません。つまり、売買するには売り手に対する同数の買い手が必要だからです。

相場のトレンドとは、実体経済が指し示している相場の方向です。実体経済の動向には何人も逆らえません。トレンドに沿ったディーリングは、量を必要としないので、ここでは触れないでおきます。

量のディーリングが最も力を発揮するのは、相場に明確なトレンドがないときです。中長期に渡って相場がボックス圏に入るのは、価格が経済のファンダメンタルズやほかの商品と比較して、フェアバリューになっているからだともいえるでしょう。ここでは、強烈な売り買いの動意は起こりえません。自然、ポジションの返しは早くなり、トレーディングレンジを形成します。

そういった相場付きのときに、大きな量を買ってみるとします。買われたマーケットメーカーは、ショートポジションを持ち続ける理由がないので、そのショートポジションをすぐにカバーします。それを受けたほかのマーケットメーカーも即座にショートカバーをします。すなわち、どこかでだれかがリスクを取りショートポジションを持ち続けるか、あるいはロングポジションのはずしがでて、そのショートと見合ってしまうまでは相場は上がり続けるのです。

例えば、レンジの底値近辺で、つまり前の安値や下値支持線あたりで10億ドル買ってみましょう。このとき10億ドルを超えるロングポジションの投げで相場が下がってきていたのなら、自分の買いは10億ドル相当のロングを吸収したにすぎず、自分を除く市場のポジションは依然ロングのままで相場はさらに下がり続けるでしょう。そのときはポジションの倍返しをして20億ドル売り、ネットで10億ドルのショートポジションを持ちます。自分を除く市場は新たに10億ドルのロングポジションを得て、下げ足を速めることでしょう。

しかし、自分が10億ドル買ったとき、すでにショートポジションが積み上がっていたのなら、自分を除く市場は新たに10億ドルのショートを得て、下値支持線を足がかりに反発します。ここでは自分がロングポジションを持ち続けるかぎりにおいて、市場はショートカバーをし続けることになります。ところが、価格が上昇するにつれて市場のショートはやがてカバーされていきます。価格の上昇は実需を伴った顧客の売りに新たな動意を与えてしまうからです。いつしか自分を除いた市場にもロングポジションが膨れ上がり、価格は上昇を止めます。重い感じがでてきたら20億ドルの倍返しでポジションを入れ替え、ネットで10億ドルのショートを持つのです。この上げのきっかけのひとつは自分の買いだったのです。10億ドルの買い支えをしていたのも自分です。その支えがいきなりはずされて今度は売りです。自分を除く市場は新たに20億ドル（ネットでは10億ドル）のロングポジションを得て、下落し始めます。

量のディーリングはパワープレイです。とはいえ要点となるのは、量で相場の方向を歪めるのではなく、あくまで相場についていこうとする姿勢です。この例で私たちが行ったのは、ショートカバーによって相場が自律反発しようとしていた力を増幅させ、ロングの積み上がりによって重くなった相場が下げ始めていたその背中を突き飛ばしただけなのです。すなわち、私たちが手を下さずとも、遅かれ早かれ似たような結果になっていたのだといえます。

また、価格の変化自体が新たな動意を生み出します。評価損を抱えていた人たちもレベルが変われば、高値でつかまっていた人の「やれやれ売り」や、ショートで苦しんでいた人の「救われ買い」ができるのです。加えて、相場がボックスレンジで取引されているときは、その上値近辺には実需の売り、下値近辺には買いのオーダーが並び実需の壁を形成します。あえて下値を売る理由もないが、この値段なら ば収支に見合うので売る。ここで買ってさえいれば何にでも使えるといった本物の動意がここにはあるのです。だからこそ、そこで止まってレンジを形成していたともいえるのです。量のディーリングはここでは実需の意向、その大きさを自分の手で探るという行為につながります。

効果的に量のディーリングを活用すると、相場を歪めているどころか、相場の流れに、より忠実になっている自分に気付くはずです。相場の変動要因のひとつを自分がつくっているということは、ほかの参加者に比べて圧倒的に優位な立場でいられます。しかし、これはあくまでほかに際だった動意のない間だけのことで、相場環境の変化、あるいは価格の変化は十分に大きな動意となりうるのです。その変化を真っ先に感じとれるのも、自分がリスクを取りポジションを持っていてこそです。

59 動くとき、動かぬとき

人生には三つの坂があるといいます。上り坂と下り坂、そして「魔坂（まさか！）」です。

相場は上げ下げだけだ、と言い切る人がいます。

そうかと思えば、相場には三つの方向があって、上がるか下がるか横這うかだ、という人がいます。

正確にいえば、上げとその調整（上げ相場）、下げとその調整（下げ相場）、そして保合（ボックス相場）でしょう。前の二つがトレンドのある相場で、後者がトレンド模索中のレンジ相場となります。どの局面も一本調子であることはなく、小さなものから大きなものへの、無数ともいえる価格波動を伴っています。したがって、基本的には収益機会のない相場など、存在しないのです。

ポートフォリオという名のポジションを持ちっぱなしのファンドマネジャーには

適しませんが、ディーラーには「休むも相場」という言葉があります。確かに収益機会のない相場などないといえるのですが、リスクのない相場もまた存在しません。リスクとリターンは常に表裏一体で、基本的には、ある期待収益のためには、同一量のリスクを取る必要があります。私は、リスク面を徹底的に管理することによって収益を計上できる、という考えを基礎としています。リスク管理が非常に困難だと判断した場合には、結果的に収益機会を放棄することもありえます。

ファンドマネジャーはボラティリティを避ける傾向がありますが、ディーラーにとっては動く相場のほうが収益を上げやすいのです。間違えて入ってもやり直しが効くからです。動かない相場などないほうがありがたいはずです。動かない相場では、間違えて入れば、損切って終わりです。そのような相場では、損切りがその日の高値、安値だというようなことが珍しくありません。

顧客のニーズに応じて値を建て、相場に入る、あるいは入らされるプロのマーケットメーカーと違い、同じプロでもポジションテイカーや個人投資家は、自信がなければ必ずしも相場に入る必要はありません。これが、彼らが持つほとんど唯一のアドバンテージですらあります。これを有効に使わない手はありません。

また、相場がこれから向かう方向には自信があっても、あまり大きく動かないと

【休むも相場】しゃかりきになって上げ下げを問うばかりが能じゃない。休みも必要

予測すれば、相場に入りにくいものです。このようなときは、入るレベルが極めて重要です。このときのレベルの設定は、損切りのポイントから逆算するという方法もあります。押し目買いを狙うなら支持線の下、外側に少し余裕を持って損切りの場所をまず定め、そこから何円、何十銭上に買いオーダーを置きます。戻り売りなら当然、抵抗線の上、外側に損切りオーダーのレベルを設定し、内側に売りオーダーを置くようにします。

相場に対しては「予測は外れる」という前提をもって動く必要があります。どのような場合であっても、損切りレベルは決めておかねばなりません。また、何があるかは分からないので、動かないとは思っても重要なレベルでは手をだすほうが、相場の理にかなっています。

【相場の理】自分の升で計らず、相場に聞くということ

60 総ロングになってSo Long　―Buy BuyでBye Bye―

売り相場にたったひとり買い向かい、思いどおりの勝利を得ることは、相場で飯を食っているものとして、何ともいえない快感でしょう。

しかし、そこに至るまでの道程は、苦しく忍耐がいるものです。人はすぐに結果を欲します。したがって、下げ局面が長引いてくると、相場観を共にしていた連中が毎日、一人また一人と脱落してゆきます。

また、損切りによって評価損を免れてはいても、小さな実現損の積み重ねはこたえてきます。大きな評価損は、1回きりの間違いだと言い逃れもできるでしょうが、小さな実現損の積み重ねは、何回も懲りずに間違えていることを意味しています。顧客や上司、周りの風当たりもきつくなってくるのです。

もちろん評価損も実現損も、資金力の減少を意味しますから、どちらも苦しくなることには違いがありません。

【So Long】さようなら

【Bye Bye】さようなら

損切りが大切だなどというと、「おまえはころころと相場観を変えるのか」と誤解する人がいます。事実は、損切りによって体力を温存しているからこそ、しつこく自分の相場観が保てるのです。しかし度重なる損切りは、体力の温存と引き替えに、たいへんな気力を要します。ポジションをきれいにし、そのつど冷静にかえってみて判断したあげくが、またタイミングを間違えているのですから。

相場に一人で立ち向かうには、慎重に慎重を重ね、自分に隙がないかの点検が欠かせないので、暗い仕事であり楽しくなどありません。儲けたところで、話をする相手もいないのです。損すれば最悪です。それが勝負というものなのでしょうが、たったひとりで勝つと、相場には勝っても何かを失ったような気がするのです。孤独なものなのです。

それとは逆に、上げ相場に提灯をつけ、皆で盛り上がって買い続ける。まさに相場の醍醐味でしょう。皆で盛り上がるのは楽しいものです。バカでもだれでも儲かって、大風呂敷になってきます。そんなときは開放感があります。勝っても負けても仲間がいるのです。武勇伝の種は尽きません。勝てば天下は自分たちのものだとの勘違いも始まります。買わない奴はバカに思えてきます。「勇気がない」とおとしめます。そして、「もういっちょう買うか」と、さらに強気になるのです。

あとで思えば、そこに油断があるのですが、人間油断をしているときが一番楽しいのでしょう。少しぐらい負けても、仲間と愚痴って、「明日があるさ、頑張ろう」となります。相場も人生と同じで、いつまでも浮かれて過ごせるなら最高です。何も考えず、疑わず、無知を無垢と言い換えて過ごせたなら……。

ただ忘れて欲しくないのは、自分の生は有機的に他人の生と繋がっていることです。常に他者の立場を考え、思いやる心をなくしては成り立たないのです。自分の幸せが必ずしも他人の幸せには直結しません。相場も同じで、自分たちのことばかり考えていると独り相撲になってしまいます。独り相撲では勝者と敗者とが同一人物となります。勝った勝ったと浮かれた分の支払いは、必ず自分に帰ってくるものです。相場では、自分以外の人が何を考え、どうしようとしているのか、彼の立場、ポジションの性質などに気を配らねばなりません。そしてあなたがプロなら、預かっているのは常に他人の金であるのを忘れてはならないのです。

皆で買って持ち上げる。どこまでも上がりそうで有頂天になる。もっと、もっと、とポジションを膨らませる。相場はさらに上がり続ける。ところが、膨れたポジションは必ず縮むのです。

買って買って総ロングになって、買い余力がなくなったとき、

「So long. Bye, bye」

と、上げ相場に別れを告げることになるのです。

61 相場の基本は日計りから

かつては専門用語に近かったデイトレードが、今では一般的な用語といえるまでになりました。

デイトレードとは日本語でいう日計《ひばか》りで、朝一番に作ったポジションをその日のうちに閉じてしまう取引です。

金融機関などのプロが日計りを行うのは、持ち高規制なども理由ですが、自分が寝ている間に地球の裏側の市場で起こるリスクを避けるためです。

日計りのディーリングは駆け出しのころに行うためか、私たちプロは日計りディーラーという言葉の響きを軽く感じます。彼ら自身が自分たちをそう呼ぶときでさえ、どこか自嘲の色を漂わせているようです。では誰がえらいのでしょう。マネジャーポジションのように、より長期間にわたるポジションを取るマネジャーやポジションテイカー、シニアディーラーたちです。彼らは目先の相場の綾を超えて、もっと

【日計り】デイトレード。値ザヤ取りを目的に、その日だけで完結する売買のこと

長期的な視野に立って相場を見ています。だからえらいと見なされています。

ここで疑問に思うのは、今日の相場が読めないで、明日の相場が読めるのかということです。そもそも長期的な視野というものはどこからでてくるものなのでしょうか。昨日までの、いや現在現時点までのさまざまなデータ、相場の値動きをもとに判断しているに違いありません。では、もし今日の相場で何か予想外の大きな出来事が起こってしまったなら、明日からの長期的な相場観は変更をよぎなくされるのではないでしょうか。

そのとおりです。明日からの相場を読むためには、まず今日までの相場を読み尽くさねばなりません。そして今日の相場を読むために右往左往しているのが、日計りディーラーたちなのです。

デイトレードで真っ先に頭に浮かぶのは、シカゴなどの先物市場のトレーダーたちです。彼らはピットと呼ばれる狭い場所にぎゅうぎゅう詰めに押し込まれており、意外に思うでしょうがまともなニュースに接したり、情報を吟味したりするような余裕は一切ありません。彼らはテクニカルな情報をベースに、ほかのトレーダーの動き、ポジションの偏り、ほかのピットの動き、顧客の動向などに注意を払っていますが、彼らが信じているのは価格の動きだけです。売っても上がりそうならば

【ピット】先物取引所の立会場

買い戻し、重くなってくれば売り払います。

価格の動きにとりあえずついてゆく。これなくして日計りディーラーとしての成功はありません。すなわち、いかにファンダメンタルズが重要だとはいっても、日々に、ましてや1日のうちに買い材料が売り材料に転じることなど、まずありません。しかし、日計りディーラーはその日のうちに買ったものを売らなければなりません。また、顧客の動向やニュースに敏速に反応せよといわれても、いつも真っ先にニュースに接することができるわけではありません。おまけに、それが真実であるか、単なる噂であるのかの判断も難しいのです。真実と分かっていても、市場が反応しない場合もあり、噂と承知で大動きすることもしばしばです。結局、彼が信じてリスクを取る価値があるのは価格の動きだけなのです。

なるほど、日計りディーラーたちは相場の流れについてゆくだけでしょう。では、その流れは誰が作っているのでしょうか。

説得力のある相場には、材料――ファンダメンタルズやテクニカルの裏づけ――が必要です。テクニカルとは相場の理解を助ける技術指標です。すなわち、日計りディーラーたちはいろいろな立場や考え方、さまざまなニーズや相場観を持ち寄った全参加者で作り上げている相場、目の前の価格の動きに集約されたコンセンサスを追いかけているといえるのです。

今取引されている価格が、安すぎると思われれば買いが入る。高くなれば売りが出る。経済のファンダメンタルズ、需給、そのほかあらゆる要因を集約し、全参加者の意志を結晶させたものが価格ですから、日計りディーラーとは謙虚に普遍的なものを追い求めている人たちだともいえます。彼らはひたすら価格についていくことで結果的にトレンドに従っているのです。

そして、こういった日計りディーラーたちの動きが値動きとなり、チャートに記録されすべてのテクニカル指標の原材料となります。そのチャートは相場のトレンドを指し示すのです。また、この価格水準が経済のファンダメンタルズや需給に影響を与えてゆきます。

ニュースらしきものが出たとも思えないのに、価格が妙な動きを始めた。そのとき、すぐに反応する。わけも分からずに、とりあえずポジションを手仕舞う。また、ニュースが出ても価格に何らかの兆候が出るまでは反応しない。このニュースは買い材料、これは売り材料と決め打ちしない。仮に決め打ちしてしまっても、価格が逆に動けばそれに従う。価格に対する感応度を高め、ひたすら価格の動きのみを信じる。それが日計りディーラー的な視野であり、相場の基本なのです。

62 要は踏み込むこと

経済のファンダメンタルズを分析し、テクニカル指標を調べ、材料を追っかけて相場観を持つ。上がるとは思う。しかし、相場フレンドリーなファンダメンタルズは、今に始まったことではありません。テクニカルは、見る期間やフィルターを調整すればどのようにでも変わってしまいます。この材料を、市場はどこまで織り込んでいるのだろうか？

考えだしたら切りがない。迷いだしたら切りがない。要は、踏み込むことなのです。

マーケットメーカーにはなくて、個人投資家やポジションテイカーにあるのが、休むも相場という言葉です。これは彼にとってアドバンテージでもあり、ディスアドバンテージでもあります。なぜなら、勝負事にとって躊躇は、百害あって一利なしだからです。止めるか進むか、逃げるか戦うか、メリハリをつけ全力を尽くすこ

【相場フレンドリー】相場に強気なこと。ブル・シナリオ

とが肝要なのです。それができない者とできた者との勝負は、戦う前から九分九厘決まっているといえば、言い過ぎでしょうか。

マーケットメーカーには、相場からの逃げ場がないので、その分強い。ただし、投資家や専任のポジションテイカーは、収益に対しては逃げ場がないので、その分強い。休むも相場も、メリハリの意味で使えればよいのですが、相場に迷ったあげくの逃げ道としてならば、意味がありません。

相場での踏み込みとは、言うまでもなくポジションを取ることです。案ずるよりも産むがやすしというわけではありません。ポジションを取るよりほかに、リターンを望むことができないのです。相場の先行きなど、しょせんはだれにも分からないのですから、ひとつの迷いは新たな迷いを生みます。答えがないものの答えを求めても、袋小路に迷うだけなのです。恐くてもしっかりと目を開けて、相手の懐に飛び込んでしまえば、活路も開けるというものです。

ディーラーだというと、いつもリスクを取る厳しい仕事だと思われています。確かに私たちは、リスクとリターンを常に追求しています。終わりのない戦いに臨んでいるといえます。

スポーツ選手がよいプレーを追求し勝ちを求めると、けがや故障の危険がつきまといます。あるレベルにまで達したなら、けがとの戦いが選手寿命を決めるかもしれません。たったひとつの積極的なプレーが選手生命を絶つことすらあります。身体的な能力に最も恵まれた人たちが、日常生活にも支障をきたすような大けがをすることもあるでしょう。厳しい世界です。では、相場ではどうでしょうか？

さあ、迷いをふっきって、ポジションを取ってみましょう。どんなに積極的に激しくやろうと、相場で命は縮みません。筋肉や靱帯や骨は、無理に使えばすり減り痛むかもしれませんが、脳は簡単にはすり減らないのです。すり減らないどころか、使わずに眠っていた部分を開発し、さらに強力になるかもしれません。

自分を信じて飛び込むことが大事です。

63 躊躇するものは負ける

「躊躇するものは負ける」というのは、英国の元首相サッチャーのスエズ事件での教訓だそうです。断固決断することの大切さをいっています。この言葉が面白いのは、価値観を含まず、善悪関係なしで「躊躇するものは負ける」といい切っているところです。自分が悪い奴でも躊躇せずに向かえば、ためらっている善人に勝てるのでしょう。逆に、悪から身を守るには毅然とした態度が必要だということになります。

相場の世界でも、躊躇を慎重と言い換えようと、決断をためらったものは負けるといえます。恐怖や欲、甘い誘惑、さまざまな罠に立ち向かうには、はなから受けつけないという毅然とした態度が必要なのです。そのためには、あらゆる状況を想定して、あらかじめ吟味しておくことが必要です。本書はそのためのものでもあるのです。

例えば、あなたが評価損を抱えた状態で、上司から「なんぴんしろ」と命令されたとします。このとき、自分でも「なんぴんしかない」と思っていたならば、ためらわずに動けばよいのです。私が本書で述べていることを分析することによって、逆になんぴんは場合によっては有効である、という結論が得られたのなら、それはそれで本書を書いた意味があります。

しかし、もしも上司の指示に納得がいかなかったのなら、本書を題材に上司と議論をしてもいいでしょう。本書はその意味では格好の材料となるはずです。なんぴんをここまで否定し、蔑み、嘲笑った本はほかにはないと思います。

ところで、ディーラーはオプションのボラティリティをロングにしていながら、プレミアムももらっているという指摘があります（相場が動けば利益が上がるボラティリティをロングにするには、通常プレミアムを払って、オプションを買わねばなりません）。

この指摘は、ディーラーは給料をもらいながら、博打を打たせてもらっているという考え方です。儲ければ会社が潤いますが、自分のボーナスも増えます。しかもどんなに損しても基本給はもらえ、最悪でも解雇だけです。自分が会社の金を預かって運用できるという立場にいる間に、思い切り博打を打とうとする人は、外国

【プレミアム】オプションの価格。売り方はキャッシュで受け取れる

人ディーラーに多いのです。会社の経営者にも多いかもしれません。「しょせん、人生は博打ではないか、いったい何を躊躇しているんだ」と、彼らにとっては大きな博打を打てるのが良い経営者、良いディーラーの証なのです。自分の金で博打を打つのはアマチュア、他人の金で博打を打つのがプロだという考え方もあります。彼らは当然のようになんぴんするでしょう。

自分の行動に納得のいく人が強いのです。ためらいがないからです。納得がいかないのなら、納得がいくまで、とことん突き詰めるべきです。議論も必要です。

あやふやで、優柔不断で、行き当たりばったりなのも、人としては魅力的かもしれません。しかし、勝負に臨んでは、躊躇するものが負けるのです。

【当然のようになんぴん】なんぴんは期待利益に対するリスクが大きく、戦術としては未熟なので筆者は否定している。しかし、なんぴんで大儲けし、ビッグボーナスで名を挙げたディーラーが何人もいるのも事実。もっとも彼らの多くは、その後2〜3年で大損して消えている

64 Always long on the top

好きな言葉です。積極果敢なディーラーの気概を表している言葉であり、ディーリングの本質にも触れる含蓄のある言葉でもあります。

「(I am) Always long on the top and always short at the bottom.（最高値ではいつも買い持ち、最安値ではいつも売り持ち)」

というのは、高値買い、安値売りの、下手なディーラーのことをいっているのではありません。高値づかみを恐れず最高値まで買い進むという気概と、利食いをぎりぎりまで引き延ばしているという、ディーリングのつぼを言い表した言葉なのです。

評価損はどこまで大きくなるか分からないから損切るのと同じ理由で、どこまで育つか分からない評価益を中途半端に利食うことはないのです。ディーリングを知り尽くし、満々たる自信を持って発せられた言葉のように思えます。

ディーラーの語録に「アゲインストというポジションはない」というのがあります。相場が反対に行ったときの損切りを早めにし、常に相場の動く方向にポジションを持っていれば、実現損はでても評価損を抱えていることがなく、常にフェイバーなポジションでいることができます。そして、それは相場の折り返し点では今まで動いてきた側のポジション、つまり高値では買い持ち、安値では売り持ちにしていることを意味しています。相場が折り返し始めたらポジションを入れ替える。これは相場の流れ全体から見れば利食いですが、折り返し点から見れば損切りで、そこで倍返しをしたことになります。利食いも損切りも、流れが変わったならポジションを閉じる、という意味では同じものなのです。

利食いの難しさは、それまでの自分が正しかったことにあり、どこで利食おうと、人からは褒められる点にあります。過信や油断が出るのです。また、とにかく利益が出るからなどと安易に考えてはいけないはずなのですが、さまざまな事情が持ち上がると、とりあえずこのポジションは利食っておこうとなりがちです。評価損がある場合には、ほかの事情に優先してディーリングを続けるのとは対照的でしょう。

私たちは、いかに儲けを多く出すかに労力を払っているのであって、どうすれば

【フェイバー】favor。利が乗った状態

損を出さないかが目的ではありません。コストのかからない利益がないように、損は必ず出るものなのです。要は、その損を次の機会利益のためのコストと見なし、次の機会にそのコストを上回る利益が出せるかどうかです。

相場観の良し悪しに関しては、プロと個人投資家に大差はないでしょう。アマチュアの勘というのも、なかなか侮りがたいものがあります。プロと個人投資家の違いに差がでるのは、ポジションを持ってからの処置なのです。

一般に私たちは高値買い、底値売りを恐れるものですが、あえてそれに挑戦していくのが「Always long on the top」です。それは案の定、高値買いや安値売りだったときにも、すぐに損切れるという自信があってこそできるのです。

第四章　価格変動の本質

65 プライスアクション理論

相場は投資（実需）を横糸に、投機（仮需）を縦糸に編み上げる、タペストリーのようなものだといえます。投資（実需）は資金の調達や運用、あるいはモノの売却や購入のために、市場を利用します。一方の投機（仮需）は市場の担い手ともいえ、流動性を提供することによって、キャピタルゲインを得ようとします。市場はどちらが欠けても正常には機能しません。

また、投資は保有（または売り切り、買い切り）という形で、量的には制限がありますが、時間的には非常に長く（売り切り、買い切りは無限に）相場に影響を与えています。チャート上では横軸に与える力となり、トレンドに影響を与えるのです。投機のほうは、借入金というレバレッジ効果で量的には大きいのですが、いつか返さねばならないという時間の制限があります。膨らんだポジションは必ず閉じられるので、ボラティリティ（価格波動）に関与します。チャート上の縦軸の力です。限られた時間内では投機の力のほうが強いのですが、ならせばネットゼロの売買である投機に、トレンドはつくれないのです。投資と投機との違いの詳細については、もう一度、第二章21項「投資と投機―タペストリー第二理論―」を参照してください。

投資資金、投機資金という二つの異なった資金の性格をかんがみると、時間効率的に収益を上げ得るのは投機だということが分かります。また、価格変動を求めて必ず行き過ぎ、膨らめば閉じるという投機資金の性質を理解すれば、投機が売り過ぎて割安になったところを買い、買い過ぎて割高になったところを売る、ロングショートの戦略がもっとも効率よく収益を狙えることになります。一方、長く寝かせることができる資金では、投資のほうがより安定的に収益が狙えるのです。

中長期の投資は、マクロやミクロのファンダメンタルズの数値を信じるところから始まります。国や企業が発表する数値を信じることなしには、投資物件に対する評価が行えず、投資を始めることができません。そして、不正会計やスキャンダルなど予期せぬイベントが発覚し、株価が急落することになっても、その銘柄を推奨したアナリストが責められることはありません。騙されるほうには罪がないからです。一方、キャピタルゲイン狙いの投機が信じるのは、基本的には値動きだけです。

【イベント】事件

投機の売買には必然性がなく、おまけに時間的な制限があるので、値動き以外を信じる余裕がないのです。とはいえ、投資、投機、いずれも場合も、収益に直結するのは値動きのみです。

プライスアクション理論は、中長期の投資をも含めた資金運用の、すべての拠り所を価格の動きに求めるものです。

現場のディーラーは、上が重い、下が堅いといったプライス感覚に応じて売り買いを行います。その感覚の根拠は、値動きと、そこに何かを加えるならば出来高だけです。つまり、だれでもが入手できる値動きと出来高をおさえることで、歴戦のディーラーと同じような運用ができるのです。売り過ぎて割安になったものの下値が堅くなればロングをつくり、買い過ぎて割高になったものの上値が重くなればショートをつくります。これで投機資金の行き過ぎを取ることができます。

投資にもプライスアクション理論は適用できます。ファンダメンタルズ的にどんなに良い銘柄でも、すぐに値上がるとは限りません。また、最終的に値上がるにしても、上げ始めるまでに数カ月、数年を要することもあります。一方、ファンダメンタルズ的には評価できない銘柄が急騰し、数倍に値上がりすることもありえます。プライスアクション理論は中長期の投資にあたっても、一切の先入観を持ちま

【出来高】為替市場、株式市場、債券市場などでの売買高

せん。値動きや出来高をみて、急騰の可能性の条件を満たしたものを買っていくだけです。つまり、ファンダメンタルズの良し悪しには関係がなく、上げ始めたものだけを効率的に狙えるのです。このことはまた、ファンダメンタルズの悪化であろうが、不正会計やスキャンダルであろうが、どんな理由ででも、値下がるものは売り払うことをも意味しています。

66 価格変動の本質 ―タペストリー第一理論―

たったひとつの条件を与えるだけで、相場を動かすことは可能でしょうか？

あらかじめ与えられる条件は、

売り手のだれもが1日だけ（オーバナイト）ポジションを持てる
一方の買い手は1年間保有できる

これだけです。

ここにひとつの出合があるとします。このとき買い手はロングポジション、売り手はショートポジションを同一価格で、同一量抱えることになります。

この条件の下では、その日は何も起こりません。しかしその翌日には、与えられた条件によって売り手は必ずショートカバーをさせられます。踏みです。


【オーバーナイト・ポジション】翌営業日に持ち越した「宵越しの」ポジション

買い手Aと売り手Bがいるとき、翌日には売り手Bはそのショートポジションを売り手B'に、その翌日には売り手B'がそのポジションを売り手B''にと転嫁し、当初の買い手Aが1年後にそのロングポジションを閉じにくるまで、毎日ショートカバーが入ることになります。つまり市場には毎日、条件によって定められた切実な買い手が現れるわけで、たったひとつの出合で価格は限りなく上昇するのです。

ここで得られる結論は、価格変動はポジションの保有期間の長さによって決定されているということです。

これを別の角度から考えてみましょう。一般に債券の価格変動要因として、以下の三つを上げることができます（ほかにもクレジット・レーティングの変化など、いくつかの要因があります）。

①インフレ（予測）率
②経済の成長（予測）率
③規制、税制の変化等、政治的な要因

ここに買い手Aと売り手Bとが一対一で向き合っているとして、この3条件を適

【クレジット・レーティング】信用リスクの格付け。この格付けにより資金調達のコストなども違ってくる

当に動かしてみましょう。

例えば、現在1％のインフレ率を5％に上げてみます。残念ながらこれだけでは価格は動きません。なぜなら、AやBがポジションをカバーする必然性がないからです。同様に経済の成長率をどう変えても、税制をどういじくっても、AやBが材料に鈍感で、彼らに動かないと決め込まれたなら価格は動きません。

仮に売り手Bが債券の発行体で、買い手Aが償還時まで持ち切りタイプの投資家だと仮定しましょう。もしもAがBから全額買い上げてしまったなら、この3条件のみならず、ほかのどんな条件をもってしても価格は動かないでしょう。だからこそ「信用リスクをかんがみれば、金利はインフレ率を上回るべきだ」などといってはみても、実質金利マイナスなどという事態も生じるのです。

しかしAかBのどちらかに、ポジションの保有期間に関する条件を与えると、価格は必ず動きます。

このように、価格の変動要因を突き詰めていくと、価格はポジションの保有期間によってのみ変動することが分かります。

実際の相場では、価格を動かすのはポジションの量と保有期間です。私はこれを「タペストリー第一理論」と名付けました。保有期間に量を加えるのは、売り買いをネットアウトした、残りのポジションの保有期間を問題とするからです。

　短期、中期の価格変動は、その期間にわたって、大きなポジションを保有する人の意向を反映します。日中の動きでは、日計りの人たちが最も力を持っています。RSIなどのテクニカル分析は、そういった人たちの行動の跡を分析したものといえるでしょう。

　大きなトレンドは、実需など長期にわたってポジションを保有する（正確には市場からその分のポジションを消す）人の売り買いをネットアウトすることで類推できます。市場でのすべての出合を、保有期間に応じて似たようなポジション同士を相殺し、ミスマッチで残った売り手買い手のポジションの保有期間を比較するのです。最終的に相場は、ポジションが長く消された方向へと動きます。

　本気や気力などというものもすべて、ポジションの大きさや保有期間の長さに置き換えられるのです。ここで踏ん張るなどということも、要はもう少し長くポジションを持つことにほかなりません。逆襲というのはポジションを大きくすることなのです。どんな複雑なデリバティブでも、ポジションの大きさと保有期間に置き換えてみれば、相場への影響力が分かります。

67 価格変動の本質を見ない価格維持政策

だれかがポジションを保有すると市場からそのポジションが消され、価格にはバランスを取るための圧力がかかります。

1カ月保有のポジションは1カ月の間、1年の保有期間は1年の間、10年債の償還までの持ち切りは10年の間、相場の方向に影響力を与え続けています。

輸出や輸入、または個人による海外旅行のための外貨買いなどの、売り切り、買い切りは、反対方向の同種の力で相殺されるまで相場に影響力を持ち続けているといえます。日本の貿易黒字で買われた円は、市場の円ショートとして残っているはずなのです。30年以上にわたって累積したそのショートポジションは、同種の円売りによってのみ埋められます。日銀の円売り外貨買いによる外貨準備高の増加は、持ち切るかぎりにおいて、相当分の円高要因を相殺しているのです。

金利差による円安要因がその力を発揮するには、個人が外貨預金を持ち続けるか、年金など長く保有する資産に占める外貨の比率を上げねばなりません。投機筋が金利差のキャリーを取る場合では、だれかが途中でやめても、金利差があるかぎり入れ替わり立ち替わりでキャリーを取りに来るような形で、つまり、投機筋全体で実質的にポジションが継続保有されていて、初めて力を発揮するのです。

ここで、通貨の固定相場など、投機筋のキャリートレードを当てにした価格維持政策が、いかに価格変動の本質から離れているかを説明しましょう。

二つの通貨を一対一に固定するには、需給の調整をはからねばなりません。例えば、高速道路で上り線と下り線の交通量を同一にするような調整がいります。上りが55台通ったから、下りも55台通して、あとの車は並ばせておくような調整です。下りの車が増えて、どうしても通らせねばならなくなると、需給バランスをとるために誰かに上り車線を走ってもらうことになります。この場合の下りが実需で、上りの多くは仮需というわけです。仮需を呼びこむにはコストがかかります。ガソリン代を負担したり、運転手に日当を支払ったりしなければなりません。この支払いは下り車線を利用する実需から徴収します。

通貨の場合では仮需である投機筋に金利を与える形を取ります。その高金利負担は実需の背景である経済全体で背負います。しかし投機筋にとっては、金利差が取

【キャリートレード】低金利で調達した資金を高金利で運用すること。「円で調達してドルで運用」というのが最も有名

れても価格で失えばそのトレードの魅力は乏しいので、当局の恣意的な価格維持手段に期待することになります。介入という形で、政府の車に上り車線を走らせるのです。価格変動がなく、金利差だけがあれば投機筋はポジションをいくらでも膨ませてきます。これが、いわゆる、キャリートレードです。つまり、どんな形ででも需給のバランスが取れているかぎり、レートの変動は防げますので固定相場が守れます。

こういった為替の固定相場が機能するには、経済の規模に比べて通貨の需給が小さい必要があります。上下線の交通量の差が小さければ、また差は大きくても絶対量が小さければ、大きな経済にとっては深刻な負担とはならないでしょう。旧共産圏の通貨が長らくまがりなりにも固定相場でいられたのには、そういった背景があります(もっとも、崩壊前の多くの共産圏の国ではバーターや闇のレートが横行し、交通量の少ないのは政府がつくった道路だけだという状態になっていました)。

しかし、仮需はあくまで仮の需要です。上り車線を走った車は、いつの日か帰ってきます。介入で走らせた政府の車も、向う側に放置するわけにはいきません。将来実需が反転して、上りのほうが多くなれば問題ないのですが、固定相場を維持しているかぎり、下りが増え続けるのが一般的です。このように増え続ける実需に恐れをなして、仮需が実需と一緒に下り車線で帰ってくるときに起きるのが「通貨危機」なのです。

また、ドルとの固定レートを保つ「ドル・リンク」は、ドルが弱い間だけ機能します。ドルとリンクしているだけで、輸出価格競争力がついてくるからです。一方、ドルが強くなると、連動するリンク通貨も強くなりますが、多くの場合、自分の力で強くなっているわけではありません。弱い経済が通貨高で競争力を失い、そのうえ金利も高いと、いずれその経済に危機が訪れることになります。

【ドル・リンク】ドルの動きに連動させること

68 法《のり》を越えず

金融商品の市場は非常に合理的にできており、価格の歪みには必ず裁定取引が入ることになっています。規制や価格維持政策は、価格の歪みをその状態のままに置こうとするものですが、歪みは時間とともに拡大し、投機筋に大きな収益機会を与えることになります。そしてある一定時間の経過後には、歪みの大きさに耐えきれず、暴発的な価格変動が起こります。一方、時間とともに歪みが拡大しないような場合には、そもそも規制の必要がないので、その規制はたんに市場を非効率にするのみでしょう。

ある商品の価格は、そこにぽつんと独立してあるのではないのです。ほかの金融商品との相対比較や、実体経済の動き、資金需要などとの兼ね合いで揺れ動いています。だれしもが、最小のリスクで最大のリターンを得たい、と望んでいます。したがって、ある商品がそのもの独自の特殊な事情によって、売られ過ぎや買われ過ぎの状態になると、割安割高を求めて、ほかの調達や運用の手段を探し始めることになります。

相場は、このだれもが持っている少しでも有利にペイさせたいという望みの、微妙なバランスの上を、右にいったり左にいったりしているものと考えていてよいでしょう。債券の発行体、あるいは資金の借り手は、その借入金を実体経済なりで運用することによってペイさせたいと考えています。そのためにはコストをできるかぎり低く、言うなればリスクを最小限に押さえたいと望んでいます。したがって、投資家が市場の内部環境のみに気をとらわれすぎて、債券価格をある一定レベル以上にまで買い上げてしまうと、債券の発行ラッシュに近いものが出現します。これは借り手に有利な市場を提供してしまうだけの結果を生みます。

このときに実質的な発行規制のようなものがあり、価格の歪みが放置されるような状態だと、裁定取引の余地が産まれます。消費者金融なども、その本質は資金の需要供給の歪みをついた一種の裁定取引だと考えることができるでしょう。

需給を語る人がおちいりがちな罠は、余剰資金が増えて、目に見えた既存の供給が細ると、必ず相場が上昇すると考える点です。これは、商品相場や不動産など、流動性の小さな市場ではとくに顕著にみられます。彼のあやまちは、相場を孤立したマネーゲームと見なしたところにあります。小さな池の水を飲み干せば、水底が姿を現すと思ったのです。しかしその池は見かけよりも底深く、しかも大底で大海に通じていたということです。

市場は資金の調達や運用の場、あるいは通貨の交換の場であり、実体経済と密接につながっています。また、それぞれの市場も互いに関連しあっています。市場の内側にいるディーラーは、投機することによって流動性を提供し、実需の一時的な相手を勤め、実体経済が潤滑に流れることに貢献しています。この点ではヘッジファンドやポジションテイカーも、マーケットメーカーと同様の働きをしています。そして、その投機がうまくゆけば相応のリターンを受け取ることになります。すなわち実需筋と投機筋とは持ちつ持たれつの関係にあり、市場というシステムを支える両輪となっているのです。これが私たちの法です。

市場というシステムがなければ、物の価格はだれが決めるのでしょうか。社会主義国に見られたように、国家が決める場合があります。為替の固定相場では、社会主義国でなくとも国家が価格を決めています。では、本来価格とは何を基準に決められるべきなのでしょうか。世の中で起こるすべてのことが需要にも、供給にも影響を与え続けています。つまり、物の何かを問わず、需要供給は私たちの生命活動そのものを反映しているのです。

活発に動き回る、それ自体が生き物ともいえる需給を、固定価格という小さな箱に入れようとしても、機能しません。固定価格の下では、闇市場が本来の市場の役割を果たしてきました。ところが闇市場は流動性に乏しく非効率で、一部の者だけが利することになります。ときには一部の権力者もその恩恵に預かるでしょう。そんな権力は腐敗します。そして、おのずから崩壊するのです。

生き物である需給を反映するのが、自由で効率的な市場で決められる価格です。市場を利用し、その恩恵を受けている私たちは自覚を持たねばなりません。だれも市場そのものを破壊することはできないでしょうが、そこに関わった人たちを苦しめ、非効率にすることはできます。法《のり》を越えてはいけないのです。

69 落ちがないと決まらない ―バブルは必ず崩壊する―

バブルの例を引くまでもなく、長く上昇相場が続くと市場参加者のセンチメントは総強気となり、いつまでもどこまでも上がる、買わない奴はバカだ、となっていきます。株で、土地で、商品で、会員権で、私たちの手の届くほとんどありとあらゆるもので、同じことが起こりました。

ここに「買い続ければ上がる」という議論があります。バブルも総量規制などがなければ崩壊しなかった、と考える人がいます。物の量は基本的に有限です。稀少な商品を見つけだして、そこに大きな資金を注ぎ込む。当然、価格は上昇するでしょう。しかし、資金も有限なのです。信用創造にも限りがあります。円（金）の切れ目が縁の切れ目です。買い続ける資金がなければ、その商品の価格は上昇を止めるのです。

ここで、金融市場で扱う商品の価値とは何かを考えてみましょう。

【総量規制】不動産価格の高騰を受けて、1990 年 3 月に当時の大蔵省銀行局から金融機関に出された行政指導。不動産向け融資の伸び率を総貸出の伸び率以下に抑えるという規制どの通貨にも金利がセットで付随しています。ある通貨の資金コストは、その短期金利と考えてよいでしょう。タンス貯金は金利を生みませんが、その資金にも当然期待してよい金利が付随していると考えるべきです。その資金を1年間定期預金にしていたら、生んでいたはずの金利。または、物に投資していれば生んだであろうキャピタルゲインを利回りに置き換えた金利。そういったものが、手持ちの資金コストです。したがって、インフレ率がマイナスでないかぎり、金利を生まないタンス貯金は逆ざやを意味します。資金コスト分だけ目減りしているに等しいのです。つまり、100万円の物を買うかわりにタンス貯金をしていて、いざ買おうとしたとき、インフレでその物が150万円になっていたなら買えないのです。

債券などの金利商品は、額面どおりの価格で購入すれば表面金利を享受できますが、2倍の価格を支払ってしまうと、表面金利の半分のリターンしかありません。つまり、10%の金利商品100を買うのに、100払えば10%のリターンですが、200払っても100の10%、実質5%のリターンしかないのです。のみならず、償還時には支払った金額200の半分の、100しか帰ってきません。利回りが減少するのです。

このことは、手持ち資金のコストを1年ものの定期預金におこうが、インフレ上

【逆ざや】運用利回りが調達金利を下回り、利ざやがとれず、逆に損失を被る状態

昇率におこうが、その債券の高値を買い続けてゆくと、どこかの時点で逆ざやとなることを意味しています。

例えば、ブレークイーブン110のものに、それ以上を払うと逆ざやになります。逆ざやとは、保有コストがかかるということです。資金コスト6％の人が直利5％の債券を買えば、1％の保有コストがかかります。この保有コストを賄ってくれるのは、価格上昇によるキャピタルゲインだけです。資金不足などによって、逆ざやの債券が価格上昇を止めたなら、保有するだけで毎日損がでます。余裕資金なら目減りし、借入金なら支払利息分の利回りが得られません。

では、金利のない金融商品の場合はどうでしょうか？ 株式には配当がありますから、貴金属などの商品を例にとります。その商品が産業物質として、ある一定の価格で常に売れるとします。その価格以下で購入したのなら、キャピタルゲインを利回りに置き換えて、順ざやと見ることができます。それ以上で買ってしまったのなら、さらなる価格上昇のみが順ざやを約束します。貴金属のように表面金利がないものは、資金コストを賄うために、常にある一定幅以上の価格上昇が要求されます。資金不足などによって、価格が上昇を止めたなら、保有するだけで毎日損失を生むのです。

【ブレークイーブン 110】インフレ率や資金コストをかんがみると、債券価格の 110%が収支トントンになるような場合

価格が下がらなければ損はでないと考える人もいるでしょう。しかし、定期預金ならば確実に利息が得られる資金を、金利ゼロ％で寝かせることは、実質的に損をしていると考えるべきなのです。タンス貯金と同じです。また、値上がりした商品は産業物質としての需要の低下を生みます。事業家は代替物質を開発するからです。そうなると、産業物質として売れる価格が下がってしまうので、この商品を順ざやで保有することがますます難しくなります。

資金は有限であるといえますが、信用創造によって、さらなる買い余力をつけることができます。信用で買い続けることによって、さらなる価格上昇を生み、保有コストを賄うことは可能でしょう。しかしこの場合は、信用創造によって資金コストも上がってしまうので、さらに大幅な価格上昇が必要となってきます。借りた金をすべて注ぎ込まなくては、保有コスト分の値上がりが得られない状態となるのです。これを繰り返せば価格も上昇するでしょうが、それ以上に信用創造がスパイラル的に急拡大します。価格上昇の恩恵は、いずれ信用創造のコストにすべて消え失せてしまいます。新たに資金を注入し続ける以外に、相場を支える方法がなくなりますが、理屈上、どこかで限界を見るのは明らかです。そして価格上昇が止まったとき、保有コストは大きな重荷となり、持ちこたえられなくなって、価格は急落す

【順ざや】運用利回りが調達金利を上回り、利ざやをとれる状態

るのです。

話を少し戻しましょう。高くなり続ける保有コストを賄うには、相当の価格上昇が継続されなければなりません。では、それだけの買いが永遠に続くならば、バブルは崩壊しないのでしょうか？　残念ながら、それはありえない仮定です。なぜなら、信用創造のスパイラル地獄から無傷で抜け出すには、相当の価格上昇が継続されているうちに売らねばなりません。買い続けることだけが課題となっているときに、売らねばならないのです。

すなわち、保有コストの上昇は、買い手のなかからの脱落者の増加、売りの増加を意味し、残った買い手の負担をさらに高めます。逆ざやでの時間の経過も、絶対的なコスト増を意味しますから脱落者の増加を促します。つまり、価格が大幅に下落することなどによって、利回りが順ざやになるまでは、保有者の負担は増加し続けるのです。この逆ざや地獄から抜け出すには、一刻も早く、人よりも早く売ること。それ以外の選択肢はないといえます。

だれかが稀少商品や小型株を探しだしてきて、価格の上昇を演出したとします。評価益は上がります。ところが、評価益を実現益として確定するためには、売らねばなりません。はたして、そんな高値での買い手が見つかるのでしょうか。彼の選

【小型株】時価総額が低く、流動性が低い銘柄。東京証券取引所ではTOPIX（東証株価指数）を補完する「規模別株価指数」が算出されている。（次ページへ続く）

択肢は三つあります。

第一はまだ上がるとだまして売りつけること。この場合は売り手が、価格上昇がいずれ止まることを理解していなければなりません。すなわち、故意にバブルを仕掛けただけで、自分は飲まれていないことが必要です。

第二は保有コストが賄えないという（借入金のコストが売却益を上回る）損失を覚悟してでも売り払うこと。これができていれば、多くの経営破綻は防げたに違いありません。

第三は売ることをあきらめ、保有コストを賄うために買い続けることです。これは恐ろしい選択です。価格と保有コストはいたちごっこのように上がり続け、その相場からはどんどん参加者が消えて行きます。最終的には、その商品を買い占める結果となります。高過ぎてだれも買い手のいない商品を、ひとりで抱え込むことになるのです。もちろん逆ざやのままです。

ここで、何も選ばず判断を先送りにして、保有コストを払い続けると、当然体力が消耗します。これこそ多くの金融機関が採用した無策という策です。当初は体力勝負などという見方もありましたが、無意味な我慢比べでした。我慢すればするだけ脱落者の負担をも抱え込んだのです。


東証第１部銘柄のなかから、上場後６カ月以上経過し、時価総額と流動性が高い上位 100 銘柄を「大型株」、大型株に次ぐ上位 400 銘柄を「中型株」、大型株･中型株に含まれない全銘柄を「小型株」と呼ぶ。これらの分類に基づいて算出された株価指数が TOPIX100、TOPIX Mid400、TOPIX Small である

また、バブルを演出するためには、わざわざ稀少商品を選び出す必要はないでしょう。信用創造の拡大の大きさの前では、あらゆる商品は稀少です。落とし穴はどこにでもあるのです。

買い続ければ上がり続けるという考え方は、独り相撲の論理です。買うのも売るのも、儲かるも損するも、基本的には同じひとりなのです。実りのないマネーゲームです。

それでは、バブルと通常の上昇相場とを見分ける手だてはないものでしょうか？

バブルを泡、シャボン玉のような中身のないものととらえると、バブルと健全な価格上昇とを見分ける判断基準はレバレッジでしょう。差金決済や信用取引を含めて、借入金で買われている比率の高い相場は危ないといえます。価格上昇を大前提として、大きく張れば大きく儲かるなどといわれる相場です。一方、どんなに高値警戒感が出ていても、手持ち資金の資産配分を当てているだけなら長続きします。そんな相場が売られたなら、迷わずに買ってみましょう。

最初の一歩は慎重なものです。さまざまな判断基準から、割安なものを探し、投資します。買われると価格は上昇し始めます。やがてその商品は、割安から割高にと本質的な変化を遂げます。上がる商品は、さらに買われ続けます。買えば上がる、

【差金決済】ネッティング。売買の決済に関し、個々の取引ごとに資金移動を伴う決済をするのではなく、複数の取引について売付数量と買付数量を相互に相殺（差し引き計算）し、その差額だけを受け渡す決済

上がるから買う。この時点で相場を支えているのは、価格上昇期待だけなのです。また、価格上昇がないと保有コストが賄えなくなっています。相場は常に行き過ぎて、そして売られます。どこまで？　割安になるまで売られて健全といえます。「落ちがないと決まらない」のです。そこを買うのが投資です。

70 価格上昇期待の魅力

最初に買うときの動意は理詰めです。

株式ならばマクロの経済情勢に加えて、企業収益を調べ、成長性を調査し、財務内容、経営者等、企業を細かく解剖し分析し、なおかつＰＥＲなどを調べてみて、やっと重い腰を上げます。債券でも、金利の見通しはもちろんのこと、直利がどうの、最終利回りはどうか、信用リスクとスプレッドとの見合い、デュレーションのチェック、付帯条件の確認、アンダーパーかどうかなど、考慮すべき点はいくつもあります。自分の投資基準を満たしたものを、慎重に、タイミングを見計らって、初めて買いにでるのです。

ところが、一度価格が上がり始めると、その動きを見ての買いが集まり、それまでのゆっくりとした値動きが嘘のように、値を飛ばすことがあります。そのとき、テクニシャンはテクニカル分析の立場から見た上昇トレンドを説明し、ファンダメ

【PER】株価を１株当たり利益で割って算出

【１株当たり利益】税引き利益を期末の発行済み株式数で割って算出

ンタリストは経済の実状や個別の材料から見た、その株式や債券の魅力を説きます。このときの説明には、「なぜ買うのか」と「なぜ買われたのか」との区別は、ほとんどなされません。一方で「なぜ買うのか」という根拠になった商品そのものの魅力は、価格の上昇とともにすでに薄れてきており、限りなく「なぜ買われたのか」の説明に近づきつつあります。

この時点でその価格を支え、さらに上昇させていく力となっているものは、その商品の本来の魅力とは違ったところのもの――買いが買いを呼ぶという現象――すなわち「価格上昇期待」なのです。価格上昇期待は商品を選びません。値上がりするものは何でも買うという性質を持ちます。

金融商品には絶対的な価値や付加価値的なものはなく、あるのは、ほかと比べて有利だという相対的価値だけです。相対的に魅力のある金融商品とは、経済の実状と比較して、ほかの金融商品と比較しての、割安なものにほかなりません。買われたあとの金融商品は、すでにそのもの本来の魅力を失っているといえるのです。

価格収益率の良い株や高金利通貨など、金融商品としての本来的な魅力を持つ、すなわち割安な商品は、そのチャートの右側に崖をつくる傾向があります。それらは、割安ゆえになだらかに安定的に買われる時期を経ると、次の段階として価格上

【アンダーパー】債券価格の100以下。債券は100で償還される

昇期待によるチャート上での急角度を持った価格上昇期に入ります。

しかし、価格が上昇するとともに割高となり、割安を買うという本物の買い手は逃げ始めます。残された買い手は、割高な逆ざや商品を保有しているので、価格が上がり続けないと疲れてきます。買い余力も減少してくるでしょう。そうして相場つきだけを見て、遅れて来たバスに乗ってきた人たちが、慌ててポジションを膨らませたころ、その相場は何らかのきっかけで急落します。ちょうどチャートの右側に崖を作った形になるのです。

価格波動のこういった側面をかんがみると、長期資金の運用者ならば価格の安定期のまだ割安なころに買って、価格上昇期待で買われたあとの割高を売るのがよいでしょう。一方、ディーラーや短期の投機家は、価格の安定期などに買っていてもらちがあきません。値が飛び始めたころに買うか、少し恐くなりますが、崖から転げ落ちるときをとらえての空売りを狙います。

71 もう一歩踏み込めるか

何の手掛かりもなしに相場を見ていると、価格はのんべんだらりと、上げ下げを繰り返しているように思えるでしょう。しかしチャートポイントなどに注意を払っていると、重要と見なされるポイントでは、売り買いの攻防がなされているのが分かるはずです。

例えば、ボックスレンジでの取引が続いているとします。レンジの底（＝下値支持線辺り）には買いのオーダーが並び、レンジの高値（＝上値抵抗線辺り）には売りのオーダーが並びます。これは、実需筋が採算レベルに見合って置くオーダーと、投機筋の作り、あるいは手仕舞いのオーダーがあります。

このとき、投機筋はレンジの外側にも反対向きのオーダーを置く場合が多いのです。つまり、下値支持線の下に売りオーダー、上値抵抗線の上に買いオーダーを置きます。これらのオーダーを整理すると、下値支持線の内側には内向きの力が、外側には外向きの力が働き、上値支持線の内側にも内向きの力が、外側には外向きの力が働いていることになります。チャートポイントは、磁石の同じ極同士のように、はじく力を持っているのです。

価格がそういったチャートポイントに近づくと、内側のオーダーが施行され、外側のオーダーをめぐって、売り買いの攻防が行われます。また、そのプライスが市場で付くか付かないかが生死を分ける、バイナリーオプションのストライクプライス近辺でも、まさしく生死をかけた攻防が行われ、こういったオーダーも通常チャートポイントの少し外側に置かれることが多くなります。そして、この外側のオーダーが付くと、しばしば値が飛ぶことになります。

高値圏での攻防は、そこまで上がって来たのですから、市場心理はブルになっていいます。市場全体のポジションもロングになっているものです。ここに実需や利食いやショートメイクの売りが殺到するわけですから、値は通常下がります。だからこその、レンジ相場なのです。

では、ここで買い手がもうひと踏ん張りすると、どうなるのでしょうか。

まず「実需の売り」は一段落しており、もう出てこないでしょう。実需のオーダーは、それがはける一定期間を過ぎると、しばらくは出てこないものです。また、「利

【バイナリーオプション】権利行使期限に権利行使価格（ストライクプライス）の上か下かでオール・オア・ナッシングになるオプション

食いの売り」は、売ってしまったら終わりです。むしろ次の買い場を探しているくらいでしょう。したがって、残る売り手のほとんどは「値ごろ感からのショートメイク」の連中だけとなってきます。つまり、買い続けてやると、ショートポジションが膨れ上がってきます。ショート筋は、高値だと思ってショートを振っていますが、ここで買い手が踏ん張り、値が下がらないとなると、苦しくなってきます。

では、買い手のほうはどうでしょうか。買い手は当初からロングですが、実需やそのほかの売りを高値圏で浴びて、ポジションがパンパンになっています。まだ利は乗ってはいますが、リスクをかんがみると苦しいはずです。ここは少しでも利食いたいところなのですが、そこを粘って限界に挑戦すべく踏ん張り、さらにもう一歩踏み込んでチャートポイントを抜いてやれば、相場はストップオーダーを巻き込むことで、あとは自動的に上がります。急上昇するのです。

もちろん、売り手が踏ん張り続ければ、買い手のほうも疲れてきます。そして時間が経つと、再び実需の売りが出始めます。それまでの攻防なのです。しかし、このときの買い手が強い営業力を背景に持ち、ロングのはずのポジションを片端から顧客にはめていけばどうでしょうか。リスクは顧客の層に分散され、当の買い手は苦しくも何ともありません。高値で利食えたうえに、買い余力はたっぷりと残って

【ストライクプライス】オプションの権利行使価格

います。こんな相場は、買い手の勝ちで終わります。

相場は勝負事です。方針も決まらずにふらふらしている者と、どれだけ限界に近づけるかと粘る者との勝負は、初めから見えています。また、リターンに見合ったリスクを取る必要があるのは事実ですが、リスクは分散できるのです。

この例の場合は、買い手のマーケットリスクは顧客層に分散されています。その代わり、この買い手は別のリスクを抱えているのです。強い営業力を維持することのリスク、および顧客を維持することのリスクです。すなわちこの会社はマーケットリスクのみならず、いろんなリスクを分散して持っていることになります。そのリスクと、リターンとが見合っているのです。しかし、マーケットリスクだけに特化しているところと比べれば、効率面では劣るのが一般です。

相場は総合力です。業界の大手が相場でも強いのは、リスク分散がうまくできているからです。

72 修羅場に慣れる

柳田邦男のノン・フィクションの記述によると、人間の覚醒レベルにはフェイズ1からフェイズ4までの四段階があるそうです。

フェイズ1は寝ている状態。フェイズ2は寝ぼけている、あるいは居眠りに近い状態。フェイズ3は覚醒して最も意識がはっきりしている状態。フェイズ4は緊張が過ぎて頭に血が上り、かえって大脳の処理能力が落ちている状態とのことです。居眠り運転による事故は覚醒レベルがフェイズ3からフェイズ2に落ちることから発生し、パニックによる混乱はフェイズ3からフェイズ4に上がることから発生するというのです。

相場でも、自分が常にフェイズ3の状態でいられるようにするのは当然です。しかし、プロのドライバーでさえしばしば居眠り運転の事故を起こすように、常に安定した精神状態、冷静な判断力を保ち続けることは容易ではありません。

相場の現場は、はた目にはフェイズ４の状態かもしれませんが、毎日相場と付き合っている私たちにとってはその状態が常態で、したがってフェイズ３でいられます。相場つきの具合によってはフェイズ２にまで落ち、話し中の受話器を持ったまま居眠りしてしまうこともありました。慣れたドライバーにとっては、高速道路での走行が最も眠いように、当初はフェイズ４であったものが、フェイズ３に、そしてフェイズ２にまで落ちてしまうのでしょう。

この覚醒レベルには個人差があり、人によってはフェイズ４に価するものが、ある人ではフェイズ２であったり、また人によってはフェイズ３でいられる幅が非常に大きかったりすると思います。いずれにせよ、個々の参加者にとっては、いかに自分がフェイズ３の状態で長くいられるかの訓練も必要となるでしょう。また、同じフェイズ３の範囲内でも、自分のポジションがアゲインストかそうでないかで、フェイズ４寄り、フェイズ２寄りと振れるでしょう。私たちは最後の最後、ぎりぎりまで冷静でいられることが要求されています。

しかしどんな人にでも、その人にとってのフェイズ４があるはずです。そんなときは当然冷静ではいられません。また、相場のなかでフェイズ４に至るときは、ポジションを持っているときに決まっているので性質が悪いのです。相場が逆に行き損切りそこねたとき、あまりにうまく行き過ぎて有頂天になっているとき、流動性の欠如によって手をこまねいているときなど、最も冷静な判断が要求されているそのときに、フェイズ４に至ってしまっているのです。パニックになっているのです。

フェイズ４への対応は喧嘩慣れではないでしょうか。

興奮で頭に血が上り、怒りや恐怖で身体がわなわな震えているときでさえ、どこかに冷静な自分を残して、やるべきことはやる。頭が興奮状態なら、身体のどこかを冷静に保つ。身体のどこかが興奮状態なら、頭を冷静に保つ。そのためには、物事を理屈で理解していること。そして、多くの経験を積み、修羅場に慣れておくことが必要です。

73 ギブン・テイクン

いくつもある相場へのアプローチの仕方を分類すると、次の三つに大別できます。

第一はシナリオを立てるもの。ファンダメンタルズから理論値を出したり、材料を分析したりするのを相場に入る動機づけとするものです。なぜ買うのか、買われたかの説明に適しているので、マスメディアなどに出て解説する人たちは、すべてここに分類できます。

第二は過去の値動きを検証するもの。テクニカル分析です。どんなに複雑に思える価格の動きも、過去の値動きを検証していくとパターン化され、未来の予測も可能となるという考え方です。少し気取れば、「混沌のなかに秩序を模索する行為」とでもいいましょうか。

第三が値の付き方を見ることによって、相場の勢いや、方向を探るという方法です。これは頭で考えるのではなく、体で覚えた感覚を信じるというもので、最も現場的です。Given《ギブン》, Taken《テイクン》をよりどころとするものは、ここに分類されます。

念のために説明しておきます。債券や為替の市場では、常にマーケットメーカーが売りたい人、買いたい人に対してビッド／アスク（オファー）の両値を建てています。売りたい人はビッドをたたき、買いたい人はアスクを取るのです。このビッドがたたかれることを「ギブン（Given, Sold）」といい、アスクが取られることを「テイクン（Taken, Bought）」といいます。相場では、売り買いが一対で取引成立なのですが、マーケットメーカーは受け身です。したがって、ギブン（テイクン）が続くことは、能動的な売り手（買い手）が多いことを意味しています。

私の周りに、ギブンが何回続いたら売り、テイクンが何回続いたら買い戻す、という人がいました。何回かの回数はそのつど違うのでしょうが、これは非常に優れた相場へのアプローチだといえます。これに付け加えるならば「ギブンが何回か続いたら売り、何回以上続いても下がらねば倍返しをして買い戻す。あるいはテイクンが何回か続いたら買い戻す」となります。株式市場では、板を見れば、ギブン・テイクンが分かります。

相場の勢いや方向を探るのに、値の付き方をもってするのは、現場にいる人間がだれしも無意識に行っていることで、これによって「底堅い」とか「やけに重い」などという感覚が生まれてくるのです。とくに、市場の内側にいるマーケットメーカーは、自分のこの感覚のみを頼りに値を建てているといっても過言ではありません。それができないディーラーは二流で終わるのです。

メディアを味方につけているためか、第一のやり方――シナリオを立てるもの――が主流のように思われている傾向がありますが、一番頼りにならないのもこれです。第二のやり方は、より科学的で信頼に足る方法ではありますが、どこまでいっても仮説の域を出ず、過信は禁物です。秩序らしきものが見えたとしても、もとは混沌だということを忘れてはなりません。第三のやり方は、食うための方法です。自我を持たず、相場の流れに身をまかせている状態で、もっとも実戦向きなのです。

多くのプロは、これらすべてのやり方を、総合的に使っています。

74 構造的に動かされる

自分の意志で動いているつもりが、実は何かに操られている。自分はそうするつもりではないのに、いつのまにかそのように導かれている。皆さんは、そんな感じを持ったことがありませんか。「俺と女房の関係がまさにそれだ」という人がいるかもしれません。

有名な話としては、ハンバーガー・チェーンのマクドナルドと組んだ穀物商社カーギルの、他国の食文化を変えてまで牛肉の消費を伸ばし、牛の餌の穀物を売るという戦略です。人間に直接穀物を食べさせるよりも、牛経由で食べさせたほうがはるかに多くの穀物を消費します。私たちは自分の意志や嗜好でハンバーガーを食べているると信じているのですが、米企業のテレビや映画、アニメ、CMなどを総動員した戦略に数十年間にわたって洗脳され、その気にさせられているというのです。そういわれてもなお、にわかには信じがたい話なのですが、彼らがたてた収益計画どおりに、日本だけでなく他国でも売り上げが伸びているそうです。

どこかの遊園地で奇妙な建物に入ったことがあります。立っている面は水平なのに、両側の壁が傾いているために、まっすぐに立てないのです。片側の壁が頭にあたるのではありません。平衡感覚が狂わされてしまっているのです。また、抜けるような青空の下では気も晴れるのに、どんよりと曇った空を見ると、気持ちまで重くなるものです。空気中のイオンのせいだとすれば、イオンを調整することによって、私たちの気持ちも構造的に動かせるということでしょう。

メディアなどでも「誤報とお詫び」のなかに、ある真実が隠されているかもしれません。誤報に接した人が必ずしもお詫びにも接するわけでもなく、だいたいにおいて誤報のときは大騒ぎしておきながら、お詫びは片隅で小さくなのですから。

人の潜在意識に訴えるようなことは、広告、販売の専門家には常識なのでしょうが、人の嗜好などもある程度は構造的に動かせるようです。思考や行動も繰り返しある情報を与えることによって、一定方向に導けるといいます。なんとも恐ろしい話ですが、そのとおりなのでしょう。

相場での市場心理というようなものも、巧妙に作られている可能性があります。

いつでも相場フレンドリーなエコノミストは論外ですが、当局発表の指標にしても、ただの横ばいの数字よりも、強い数字、下方修正、強い数字、下方修正の繰り返しのほうが強く思えます。とくに、当初の強い数字で多くのエコノミストの賛同を得てしまえば、あとで下方修正したところで、エコノミストはそうそう前言を覆すことはしないものです。むしろ次の強い数字で、前言の確認をしてくれるのです。あるいは、ある時期に思い切り弱い数字でショックと危機感とを与え、その数字との前期比較で徐々に強い数字を出してゆきます。実際は横ばいでしかなくても、数字の上では着実な成長が見られるのです。

相場においては、ポジションによってものの見方、考え方、強気、弱気が変わってしまいます。ロングで相場が上昇すれば利益を得ます。反対に下落すれば損失を被ります。外から客観的に相場を見ていたときとは違うものが見えてくるのです。相場に強気なマーケットメーカーでも、毎日売りを浴びされて、必要以上にロングを持たされると不安になってくるものです。日計りディーラーが朝一番にロングを持つと、相場環境は変わらずレートが動いていなくても、時間の経過とともに彼の強気は薄れてきます。彼はその日のうちにポジションを閉じねばならないからです。

私たちは、多かれ少なかれ何かに構造的に動かされています。相場では、ポジションの偏りが、私たちに制約をかけているのです。

75 理論と実践の隙間

プロや個人投資家を問わず、しばらく相場にかかわった人なら、一度は自分に問いかけることがあります。

「はたして、相場に理論や理性が必要なのだろうか。感性だけでこと足りるのではないか？」と。

感性で相場に取り組むとは、「上がりそうだから買う。重そうだから売る」という感覚に頼ることです。理性での取り組みとは「割安を買って、割高を売る。逆にいけば損切る。利食いはできるだけ引き延ばす」というように、一種のシステム化ができ、だれもがそれを守ってさえいれば一定の成績が上がるというやり方です。

私がこういったことを書くのは、言うまでもなく「相場は理性だ」と信じるからです。では感性は必要ないのでしょうか？

これは愚問です。相場を学問の対象と見る人ならともかく、資金運用の現場ととらえる人で、感性の鈍い人はいないと断言しておきます。

そもそも、感性はだれにでも備わっています。そして感性は、磨けば磨くほど輝きます。プロのなかにはそれのみに頼り、「相場は感性だ」という人がいますが、それはただの怠慢です。

私が折りにふれ、考えを文章にまとめるのは、理論を構築していくためです。感性でひらめいた考えは、頭のなかだけでは堂々巡りを始め、まとまりません。まとまらないのが感性で、まとめようとするのが理性でしょう。

理論は段階的に構築していくので、ものごとを説明したり、理解したりするには便利なものです。とはいえ実践の場で起こる、さまざまな予測不可能な事態に対処するには、時間がかかり過ぎて、あまり役に立ちません。実践の場では、理性の悠長さや几帳面さを許さないといえます。実践には感性の助けがいるのです。

理論は意識上の産物です。相場でも価格変動の本質や、需給、リスクとリターンなどについて、意識的に、常になぜかを考えていると、無意識下に何らかの情報が蓄積されていくのではないでしょうか。意識のうえでは忘れてしまったものでも、無意識下では覚えているのです。理論だけの頭でっかちでは、実際のディーリングはできません。泳ぎ方の本を読むだけでは泳げないのと同じです。感性があれば、泳ぎ方を習わなくても泳げるでしょう。慣れによって、多少の上達はするものです。しかし、正しい泳ぎ方を知らなければ、彼の進歩はそこまでで止まります。感性は、訓練によって研ぎすますことなしに、それ以上には成長しません。積み上げがないのです。

理論と実践の隙間を埋めるものは、訓練です。感性によって得たものを、訓練によって絶えず反芻します。常になぜかを考え、言葉で、理屈で理解するのです。「理より入るものは上達早く、業より入るものは上達遅し」とは、江戸末期の剣客、千葉周作の言葉です。理屈を体にたたき込むとは、意識上で理解したものを訓練によって、無意識下の本能のレベルにまで到達させることではないでしょうか。

本能はもって産まれたものではありますが、訓練によって鍛えることができます。後天的に理論や学習によって得たものも、訓練によって意識下に眠らせておくことができるのです。そうしておくと今度は実践の場で、より磨かれた感性として瞬時に表れるのです。

76 動きながら考えろ

相場に臨むためには、いきあたりばったりの感性だけでは限界があります。とはいえ、理論だけでは何もなしえないとは前項でも触れました。

相場は生きものです。刻一刻と変化し、ときに予想もつかない動きを見せます。まさに毎日が一編のドラマです。そんな生きもの相手に、机に座って難しい理論を勉強するだけでは、実際の役には立ちません。

ポートフォリオをヘッジするための理論が考え出され、それさえ守っていればリスクが減るかのようにいわれたことがありました。しかしリスクは、ポジションを持っているかぎり、すなわち期待するリターンがあるかぎり、けっして減りはしないのです。例えば、相場の上げ下げを問うマーケットリスクを、先物でヘッジすることの効果を問うベーシスリスクに変えたところで、期待するリターンが同じならばリスクの大きさも同じです。リスクを減らしたいなら、リターンもあきらめねばなりません。マーケットリスクの完全なヘッジとは、投資しないことなのです。

　頭で考えることと実際にやってみることとが違うのは、これまでの人生を振り返って見るだけで、だれにでも理解できるでしょう。スポーツの世界でも同じです。プロよりもすごいお茶の間評論家など、どのスポーツにもはいて捨てるほどいます。「こうやればいい」と教えられてすぐにできるのなら、つらい練習をする人などいません。プロスポーツの選手は人並みはずれた練習をこなしていますが、それでも、どんな練習でさえ、ひとつの試合経験には及びません。にもかかわらず、相場の世界では、理論は難しければ難しいほどありがたがる傾向があります。

　相場理論や相場予測といったようなものも、それだけでは机上の空論でしかありませんん。私自身の書いたものも同様で、実践を伴わなければ、ほとんど意味を持たないのです。私は議論のための議論を展開しているわけではありません。本書を通して相場の理解が深まったなら、実際にポジションを取ってほしいと思います。あなたに傍観者ではなく、当事者になってほしいのです。

　ゲームセンターのスクリーン上でＦ１マシーンを操るのと、実際に運転するのとの一番の大きな違いは恐怖感でしょう。ハンドル操作を誤れば死につながる状態で運転するのと、何度クラッシュしても百円玉の続くかぎり生きていられるのとは、はなから立場が違うのです。ゲームセンターで得た技術を実際の運転に役立てることができるのは、すでに実際の運転を知る人に違いありません。理論もシミュレーションも、実践を伴って初めて意味を持ちます。

ポジションを持ったとたんに世界が変わるのです。どんな人でも、ポジションに思い入れを持ちます。加えて損益のプレッシャーも、ポジションの大きさ、収益目標の大きさに順じてかかってきます。実際にポジションを持ってみて、あらゆる状況の変化に、動きながら対応していくことに、大きな意味があるのです。

一歩踏み出すこと。たった一歩先に、頭で考えていたのとは別の世界が開けていきます。

77 構えありて構えなし

勝負事では型を知ることが重要です。型を知らずして勝負に臨んだとしても、勝ち負けのパターンを分析してゆくと、結局は先人が到達していた型にたどりつくことがままあります。

型を学ぶということは、先輩諸氏が苦労して獲得したものを垣間見ること、または盗むことです。自分が独り立ちするための近道なのです。先人の言に耳を傾けず、凡人が自分だけで努力すると、いつまでたっても先人の域には達せないでしょう。

近道をすることは卑怯ではありません。これこそが文化の継承なのです。先人に学び型を知ると、その型に疑問を持ち、さらに深く考えるということも起こります。そのようにして自分の型を確立してゆくのです。

既成のものであれ、自分で確立したものであれ、型がないと弱いものです。型とは、戦うために完成された——ありとあらゆる場面を想定し、練りに練られた——

構えです。型は、ある意味完璧で、まさにそこに型の弱点があるといえます。この本のなかにも、熟考してみると相矛盾するような型がかなりありますが、相場の前ではそれぞれが真理です。複雑な動きをする相場に向かうには、どれもが必要なのです。

しかし、ひたすら型を守ってさえいれば、必ず勝てるというものではありません。未来という不確定なものを相手にする相場に、必勝法などというものがあるはずがないのです。

無批判な適用など、何ものも生み出しません。重要なのは、なぜかを常に考えることです。どの型も、考えるためのヒントとしての意味しか持ちません。考えて、使えるものは実際に応用してみるのです。使ってみて、効果があればなぜか、効果がなくてもなぜかを、もう一度考えるのです。

使う型が同じでも、使う状況は先差万別です。相場はそれほど変化に富んでいます。考える材料に事欠くことなどありません。そうして型が自分のものとなったなら、その型を捨て去るのです。

型とは枠組みであり制約です。造られた型は、できた瞬間から過去の遺物とみなしてよいでしょう。捨て去るべきものです。たとえそれが永遠の真理、定義、定理に思えようとも、古い見方には違いありません。古い見方は、心の自由を束縛します。そして、束縛された見方から新しい真理が発見された例はないのです。せっかく得た型だからと、捨て去ることをためらったり、惜しんだりする必要はありません。その型が本当に真理と呼ぶに値するものであれば、次に得るのもまた同じ型に違いないのです。型に安住することなく、常に新しい視点で問いかけ直す。そうすることによって、その型に対する確信もますます堅固になり、いつかどこかで危機のときに蘇ってくるのです。

「構えありて構えなし」

勝負には臨機応変にあたるべきです。自由であること。これこそが力です。

78 ヘッジの考え方

ヘッジとは、ポートフォリオに組み入れた債券、株式、または外国証券における外国通貨などの価格下落によって、評価損が出る場合の備えとして、買いに対して売りを建てる一種の保険と考えられています。

しかし期待利益を残しながらも、保険料（プレミアム）を払いさえすれば、少なくとも一定の期間内は不測の場合に備えた性質を持つものは、オプションを使ったヘッジのみであって、ほかの方法はすべてリスクの付け替え、または分散と呼んでいいものです。つまり、スプレッドリスクと呼ばれるような別のリスクを取ることによって、元からあるリスクを軽減させようとするものなのです。したがって、ヘッジに失敗すればダブルで損を出すことも当然あります。

この別のリスクに、いわば逆転の発想で注目して、積極的に収益を狙っていくのがアービトラージだという考え方もできます。ヘッジもアービトラージも売り買い

【アービトラージ】裁定取引。市場間、銘柄間などの価格差を利用して利益を上げようとする（割安を買い、割安を売る）取引。両者の価格差（スプレッド）が通常に戻ることをもくろむ

両建てで、その両建てをした商品間のスプレッドが、リスクともなりリターンともなるからです。このリスクも、リターンに相応して大きいといえます。

ポートフォリオのヘッジには、ファンドマネジャーよりもディーラーのほうが適しているかもしれないのは、このような理由によります。

またヘッジは、購入と売却とが同時に行われて初めて本来の働きをします。購入時と売却時との間に時間差を設けることは、その間の価格変動リスク（マーケットリスク）を取ることになり、相場観が当たれば益をロックイン、はずれれば損をロックインさせることになります。価格変動リスクとは、時間のリスクだからです。

円投の投資家による国際分散投資を、ヘッジと見なしていたこともありましたが、一般的に調達資金に似通った形での運用が、最もリスクが少ないといえます。つまり、円で調達された資金は円で返却されねばならないのですから、外貨建て投資には為替リスクが伴います。短期、長期のミスマッチ、変動、固定のミスマッチにも相応のリスクが伴うのです。同じ意味で、外貨収入のある輸出企業の海外現地生産は、売り上げ収入とコスト支出とが同一通貨となり、立派な通貨ヘッジとなっています。

しかし投資の醍醐味は、リスクをなくすことではなく、いかにうまく取るかにあ

【ロックイン】損益を閉じ込めること

ります。リスクを取らずしてリターンはありえません。ヘッジをしてもリスクは消えず、形を変えるだけです。

このとき、難しい数式やコンピューターを使うことによって、形を変えてしまったリスクの存在が見えにくくなっていたとすれば、むしろ性質の悪いリスクを抱え込んだことになるのです。

リスクをうまく取るためには、リスクの存在を明らかにして単純化させることです。リターンに見合っただけのリスクは必ずあるのですから、分かりやすい、自分が管理できるリスクに絞り込んで、積極的に取りにゆくべきです。

最も恐いリスクとは、姿の見えないリスクなのです。

79

時間との戦い

私たちが通常に行っている取引であるアウトライトの売買は、時間差取引と言い換えることができるでしょう。

利益を上げるためには安く買って高く売る、あるいは高く売って安く買い戻すことが必要なのですが、そこには時間差が介在しています。私たちは未来の価格を追って取引しています。相場は「時間との戦い」なのです。

このことは、チャートを開いてみても分かります。縦軸は価格で、横軸は時間、買いで入れば右上がり、売りで入れば右下がりの展開で利益が出ます。価格は常に波動を繰り返し、相場の大局観の正しさが、必ずしも利益には結びつきません。日柄が重要となるゆえんです。日柄とは時間にほかなりません。相場がこなれるのには、時間がかかるのです。

トレンドラインを見てみましょう。下値支持線に支えられて上昇していく相場は、一定の期間で一定の値幅を上げるという、規則性を持っています。これは相場の価格の上げ下げにかかわらず、一定期間にならせば一定量を買い続けるという、実需の存在に多くを負っていると考えられます。あるいは、買い切りの実需に向かったディーラーのショートカバーに、何らかの規則性があるのでしょう。それ以上に上がる分は、投機筋の関与です。彼らは上昇トレンドを見て買いに入り、買い過ぎて、売りにまわります。そして、売り過ぎては買い戻すのです。着実にトレンドを形成すべく買い続けるのは、実需筋なのです。したがって、相場の先行きを予測するときには、常にタイムホライズンをどこに置くかに留意しなければなりません。需給を分析して、その売買の動意を探るのです。

期限付きのファンドと年金基金の運用では、当然タイムホライズンが異なります。年金基金は長い間にわたって相場に影響を与えますが、期限付きのファンドが影響を与えているのは、その期限内だけです。短期の余剰資金の運用は、限られた期間でいかに有利にリターンを得るかということです。彼らの買いは、投機筋の買いと同じく、近い将来の売りを示唆します。相場への影響は短期的といってよいのです。

相場とは、未来を模索し続けるものです。現在がいかに混沌に見えようとも、過去をなぞっていって現在につながるトレンドがみえたなら、その延長線上に未来を想定してみるのです。そして、未来がみえたなら相場を張るときです。

未来には、自然や社会の成り立ちによって構造的に指し示されたもの（技術の進歩、資源や土壌の枯渇、反対に海に眠る鉱物や生物資源などの開発、温暖化、人口構成などが暗示する未来）、気候や政治、経済の現象によって示されたより近いもの（かんばつ、戦争、政変、好不況などが暗示する未来）、さまざまな社会の構成員の都合によっても引きずられてしまう目先の出来事があります。そして、それら長期、中期、短期の、どのトレンドでも必ず起こる反転、反発。

これらを予測して、思いのままにポジションを取るのです。

80 ゼロサムゲーム

相場は売り手、買い手が常に同数であることから、回を重ねれば重ねるほど損益が平準化され、結局はゼロサムゲームに終わるという人がいます。しかし、仮にその考え方が正しいとしても、直接の市場参加者以外の、世界の経済すべてを含んだうえでのことでしょう。直接の市場参加者であるディーラーやファンドマネジャーにとっては、ゼロサムゲームではなく、飯の種です。

ファンドマネジャーのビジネスは、基本的にフィービジネスです。運用の成否にかかわらず、一定の収益が約束されています。彼にとっての勝ちとは、実質的に同業他社との比較のうえでの成否です。それに勝ち、ファンドが売れればフィーが増えます。したがって、ファンドが調達金利を上回る運用をして利益を得たり、下回って損失を被ったりするのは、基本的にはファンドの出資者となっています。ファンドの出資者とは、○○ファンドの購入者に加え、生命保険、損害保険の加入者、郵

【ゼロサムゲーム】回数を重ねると参加者の収益が平準化されてしまうという考え方

便貯金、農協、銀行の預貯金者、年金の加入者、投資信託等の購入者などのことをいいます。彼らは保険や、資金の安全な保管場所などを購入したり、資産の運用を委託したりすることによって、ある種のコミッション（手数料）を支払い、相場には常にコストとしての資金を供給し続けています。プロは、その大きな順ざやの分け前争いをしているといえるでしょう。

為替の場合、輸出企業が海外で製品を売って得た外貨を円に換える作業は、本質的に相場観には拠っていません。従業員への支払いを含めた彼らのコストの大部分は円でかかっており、彼らには得た外貨を円転させる必要があります。いかに相場観を加味して、為替を取る時期を早めようが遅らせ（リーズ・アンド・ラグズ）ようが、インパクトローンや先物予約、オプションでヘッジしようが、一定量の外貨を売ることには変わりがなく、ネット部分の外貨売りに関しては、相場観の入る余地がないのです。輸入企業のドル買いも同様で、彼らはさまざまな財の購入に充てる支払いとしてのドルが必要なのです。輸出入を円建てにしたところで、事の本質は変わりません。円建ての貿易では、その輸出入の相手が自分に代わって円を外貨に替えるのです。つまり、外貨建ての貿易では本邦企業が為替リスクを負い、円建てでは貿易相手が為替リスクを取ります。リスクを押し付けあっているので、だれ

【インパクトローン】資金使途に制限のない外貨貸付のこと

が取るかは、単なる力関係です。個人の旅行にかかわる外貨手当なども、相場観によるものといえません。おまけに、彼らはＴＴＳで外貨を買い、ＴＴＢで売ることによって手数料を落としてくれます。これらの収益は、すべて利益のパイとして市場に確実に落ちているのです。

このように相場は、市場を利用する人々に支えられたシステムなのです。為替市場、金融市場、株式市場などという通貨交換や資金の調達、運用のための「市場というシステム」が存在し、それを何らかの形で利用している世界中の人々が、大なり小なりのコストを払って支えているのです。

プロがやるべき仕事は、自分の取り分をいかに増やすかだけではなく、市場を守り大きく育てることによって、利益のパイそのものを大きくすることなのです。

【TTS】個人が外為銀行から外貨を買うときの銀行の売値

【TTB】個人が外為銀行に外貨を売るときの銀行の買値

81 踏みと投げ

米国債の先物を担当していたあるディーラーが円債担当に変わった当初、苦笑いして言ったことがあります。

「円債市場では上げればすべて踏み、下げればすべて投げで片づけられる」

相場の上げ下げには、何らかの理由や材料があるはずなのに、上げはショートの踏み（上げ）、下げはロングの投げ（売り）だけで説明されては、要領を得ないのもうなずけます。しかし、そういった説明ともいえない説明がおおっぴらに通用するのも、そこに何らかの真実があるためなのです。

円債市場に限らず、市場での日々の価格変動はポジションの膨張、収縮によって起こります。縮んだポジションが必ずしも膨らむ必然性があるとは断定できませんが、膨らんだポジションはいつか必ず収縮します。買われた相場は売られ、売られた相場は買われるのです。そのポジションの手仕舞いが損失に結びつくとき、ロングは投げ売りされ、ショートは踏み上げられます。

相場は実需を反映したトレンドを軸に、ときには買われ過ぎ、ときには売られ過ぎます。この軸から遠ざかるときにポジションが膨らみ、閉じることによって軸に接し、行き過ぎて反対方向のポジションが膨らんでゆきます。それによって価格波動が起こるわけです。

もし、収縮したポジションが膨らむことがなければ、相場は実需だけを反映したトレンドを明確に示します。

こう書くと、いかにも安定した相場になりそうに思えるでしょうが、事実は逆です。実需の偏りを吸収する緩衝材がなくなり、相場は一方向に突っ走り、ときに乱高下を伴って流動性を失ってしまいます。投機筋が一時的にせよポジションを膨らませることによって、相場に市場としての機能を持たせているのです。

投機筋がいないと実需の売り手が出てくるまで、買い手はいつまでも待たねばなりません。ただし、多くの実需のあるところには、必ず相場を張って緩衝材の役割を買って出る者が現れますので、とんでもない規制でもないかぎり、縮んだポジションは再び膨れます。このように、投機筋こそが流動性を提供しているのです。

機能する市場には、実需筋のみならず、多くの投機筋がいます。実需筋がトレンドと相場に参加する意味づけを提供し、投機筋が流動性のある安定した市場を提供します。実需がないと、相場はレンジ内を行き来するだけのゼロサムゲームとなり、ギャンブル化してモラルが低下するでしょう。一方、投機がなければ、流動性のあるこなれた市場が成り立たず、実需はすべて国家の管理下におかれ、取引の絶対量も大きく減少します。

このように、実需筋、投機筋のどちらが欠けても市場はうまく機能せず、市場経済は何世紀、何十世紀も後退することになるでしょう。とはいえ、情報化社会に市場経済が後退するという仮定よりは、実需は伸び投機は抑えられないという仮定のほうが考えやすいと思います。

この投機筋のポジションの整理が踏みであり、投げなのです。

商品によっては、踏みのほうが投げよりも頻繁に起こり、影響も深刻です。例を挙げましょう。

債券や株式は、発行高に限りがあります。例えば、発行高が10単位の債券があるとします。５人の投資家がそれぞれ3単位ずつ五つの業者から、合計15単位のこの債券を買ったとしましょう。投資家は持ちきり型（買い切り）でポートフォリオのなかに組み入れてしまいました。

【ポジションの整理】買ったものを売り、売ったものを買い戻して調整すること

この相場は言うまでもなく、限りなく上昇するでしょう。業者は債券を手当して投資家に渡す義務を負っていますが、市場に残った5単位のショートポジションは、埋められる見通しが立たないはずです。債券取引は現物の受け渡しを伴う、自動車を買うような普通の取引であるのにかかわらず、これらの業者は図らずも無い物を売るという、架空の取引を行ってしまっています。この債券の評価額はほかの金融商品と比較しても大きく値上がりするでしょうが、実際には物が無く、だれも買えないのです。バカげた話なのですが、債券は似たような条件のものを同一のものとして扱って値を建てますから、実際の債券市場では起こり得ることなのです。

このような閉塞状況を打開するには、くだんの5人の投資家に、1単位ずつでも売り戻してもらって、市場のショートポジションを埋めるしかありません。彼らの協力なしには解決できない状況なのです。債券の発行体が、全く同じものを追加発行する場合でも、投資家の同意を得る必要があるでしょう。ここで投資家が、公正な市場で公正な手続きのもとに購入したのだと主張し、調整に応じなければ、市場は崩壊してしまいます。市場を利用しその恩恵を受けている者は、同時に市場を守る義務も持つことを認識すべきところなのです。規制があると市場は正常に機能しませんが、監督者がいない市場は意識の低い参加者に破壊される危険をはらんでいます。いずれにせよ、ショートをふった業者は、大きな損失を被るでしょう。担当者の首がとぶ場合も多いのです。

株式は個々の銘柄の個性が際だっているので、このようなバカげたショートをふる心配はないでしょうが、債券は格付け、表面金利、償還までの期間、付帯条件等が同種のものは発行体の名前が違っても基本的に同じ物として扱うので注意を要します。すなわち債券では、個々の発行高は5単位ずつでも、基本的な条件が同じ物を集めると100単位を超すなどという具合に考えます。ここで、ある投資家によってその大半を買い占められてしまっているような特殊な銘柄に当たると、不注意な業者はとんでもない目にあいます。けっして空売りをしてはいけない銘柄は、あらかじめリストアップされていなければならないのです。1銘柄が100億ドルを超す米国債ですら、上記のような空売りで担当者の首がとんだことがあるのです。

ここでもキーは流動性です。前世紀末のアジアやロシアの通貨、経済危機は、流動性の低さに気付かずに投資した、あるいは相場をつり上げようと流動性のなさを積極的に利用したために起きています。同じことは、今世紀初頭の商品相場でも起こりました。流動性を超えるポジションを抱えてしまうと、踏みや投げが危機に直結するのです。

82 安易な選択　―恐いディールしか儲からない―

相場では、他人と同じことをしていては儲からない、といわれます。「人の行く裏に道あり花の山」という相場格言もあります。

逆張りもまた、わが道を行くものです。逆張りには2種類あります。

価格が上昇し、市場心理も強気の場合、ここで売るのは完全な逆張りです。この場合は、すでに相場は相当買い進まれてきており、ロングポジションが積み上がっている可能性が高く、早晩、相場は押し目を迎える運命にあります。あとはどこで売るかのタイミングだけの問題です。

一方、価格は上昇しているが、市場心理は弱気のままでいる場合があります。このようなときに売っていくと、価格に対しては逆張りなのですが、「他人と同じことをしていては儲からない」ケースとなります。つまり、高値警戒感という市場心理を反映してショートポジションが膨れ上がっており、そのショートカバーが引き出されてしまうのです。このようなときは半身の構えを守り、自分からは仕掛けずにいるか、まだ上昇余地があるとみて、飛び乗り飛び降りを心して、買いから入るのがよいでしょう。皆が買い終わり、総強気になるまでは、下がらないものなのです。

順張りは相場の基本ですが、遅れてきたバスに乗ってはいけません。それはあまりにも安易な選択です。買われた相場は強気にはなりますが、買われたあとに買っていてはもう遅いのです。常に先頭グループか、先頭グループを狙える位置につけている必要があります。そして自分が先頭に立ったとき、そこはほとんど逆張りの世界となっています。すなわち人より先に買うということは、人が売っているときに買うことなのです。正確には人が売り終わり、売り疲れたところを買うのです。

恐いディールしか儲かりません。

下降トレンドのときは、あえて売られたところを買って攻めます。上昇トレンドのときは、加熱したところを売りで仕掛けるのです。相場が行き過ぎたところで出る公的資金の注入、政策買いや冷やし玉が、往々にして千載一遇の買い場売り場となるように、リスクは大きく、まさに逆張りといえますが、効率的に大きな利益が見込めます。

短期決戦のトレーディングでは、大きなトレンドなど収益的にほとんど意味がなく、下降トレンドゆえのショートポジション、上昇トレンドゆえのロングポジションの膨らみに注目して、逆に攻めます。このとき損切りオーダーさえ忘れなければ、リスクは限定できるのです。

相場の基本は順張りなのですが、投資の基本は何だったでしょうか？そうです。割安を買い、割高を売る。つまり、売られたところを買い、買われたところを売ることです。上げ下げを問わずトレンドの終わりは、もう買えないところまで買う、もう売れないところまで売るものなのです。相場はそこで反転します。

83 リスクとリターン

リターンなしに、リスクを取ることはありえません。価格上昇の期待なしに、ポジションをロングにする人はいないでしょう。一方、リターンのあるところには必ずリスクがあり、どのリスクをどのようにどれだけ取るのかが問題となるのです。

一見、リスクがないように思える取引にも、必ずなにがしかのリスクはあるものです。それを冷静に分析し、自分の取るリスクがはたしてリターンと見合うかどうかの判断が、常に要求されています。

一般に「リターンの大きさはリスクの大きさに比例する」といってよいでしょう。クレジット（信用）リスクの大きいジャンクボンドは、高い利回りを享受できますし、期限前償還のリスクがあるCMOやほかのMBS、ABSなど、コールオプションを内包した債券も、相応に利回りが良いのです。また、条件が同じ米国債を見ても、デュレーションの長いもののほうが価格変動リスクは大きく、その分大き

【ジャンクボンド】債権を回収できない可能性が高めの債券。ジャンクとは「がらくた」のこと。通常、スタンダード・アンド・プアーズ（S&P）社、ムーディーズ社などの格付でダブルB以下の債券

なリターンが期待されています。

ポジションは、大きく取れば取るほどリスクも大きくなりますが、期待できるリターンも相応に大きくなります。長く持てばその分リスクも増しますが、期待されるリターンも増えてきます。償還までの持ち切り型の投資は、リスクが少ないと思われているふしがありますが、償還時での貨幣価値減価のリスク、インフレリスクを抱えています。これも通常、償還までの期間が長いほど利回りも良くなっています。

以上のように、リターンを得るためにはさまざまなリスクを取っています。しかし同じリターンを得るために、いろいろなリスクを取る必要はないでしょう。固定と変動の金利交換スワップなどに端的なように、人にはそれぞれ好むリスク、取りやすいリスクがあって、だからこそ相場が成り立っているといえます。あたかも物々交換でもするように、リスクは交換し合えるのです。

要は、自分が預かっている資金の性質にあったリスク、自分が取りやすい、管理しやすいリスクに絞り込むことが大事です。そうしたうえで初めて、リスク分散にも取りかかれます。

年金や生命保険の資産は長期資金です。通常、短期金利よりも長期金利のほうが利回りは良くなっています。資金運用も、長期的な視野に立つことで、より高い利回りが享受できるでしょう。彼らの運用はインフレヘッジのための株式投資と、債券投資ならイールドカーブの最も高いところが基本となるでしょう。ポジションを取る期間が長いので、信用リスクにはことに神経質になるべきです。銀行のように調達資金が短期の場合は、運用も短期が基本です。短期金利はインフレ率を調整する形で変動するので、長期運用で固定してしまっては身動きがとれなくなるのです。調達資金にマッチした短い物に投資するか、長期ローンなら変動金利にします。株式や長期債に投資するにしても売買を頻繁に行い、実質的に変動させることで調達資金にマッチできるといえます。

われわれディーラーが取るのは、価格変動（マーケット）リスクです。リターンも、価格変動によってもたらされます。したがって、上がりそうだからと漠然とロングを取るのではなく、チャートなどを分析し、「上はこれくらい狙える」「下はこれくらいのぶれがありそうだ」などと、具体的にリスクとリターンとを思い描かねばなりません。それらの分析も、あくまで参考でしかありませんが、具体的なイメージがないと次の対処が遅れるのです。

勘と度胸だけのプロは長続きしません。リスクは避けるものではなく、上手く取るべきものなのです。

【インフレヘッジ】インフレによる通貨価値の下落で実質的に損を出すことを回避するため、キャッシュを価格上昇が見込まれる株式などに換えること

84 しのぎ方

相場に限らず順風満帆のときは、だれが何をやっても、けっこううまくいくものです。しかし風向きが変わると、そう簡単には物事が運びません。自分は何も変わってはいないのに、今までのようには進めなくなります。そう、自分が変わったのではないのです。風向きが変わったのです。とはいえ、相場で飯を食おうとする以上、どのような状況下でも生き残らねばなりません。逆風時のしのぎ方も、ここで確認しておく必要があるでしょう。

下値を探って支持線で下げ止まった相場が、上値を追って抵抗線まで上げる。抵抗線の近辺で揉み合う間もなく上げ止まり、再び下落する。支持線、抵抗線の間を一日に何回か往復する。毎日がこんな相場なら、ディーリングほど楽な仕事もないでしょう。ディーリングとは、戻り売り、押し目買い、高値波乱。動いてくれてなんぼの仕事です。

動かない、レンジのない相場でも、値を建てるのが仕事のマーケットメーカーはまだいいといえます。元気な顧客もいれば、どんなときにでも売り買いをしなければならない実需を抱えた人もいます。その人たちにレートを提示し、相手にしているだけで彼の仕事は成り立ちます。しかし、必然性のない売買によって収益を上げねばならないポジションテイキングでは、相場が動かないと「待ち」だけなのです。待つのも仕事なのです。

「ディーラーは、草食動物のように危険に対して敏感でなければならない」といったディーラーがいましたが、彼はマーケットメーカーだといえます。危険を避けながらオーダーを処理することが、収益につながるでしょう。

ポジションテイカーや個人投資家は肉食獣です。自分が動いて獲物を捕らえねば飢えてしまうのです。そして多くの肉食獣がそうであるように、獲物のいそうなところを予測したならば、あとはじっと待つのです。すべての労力は、ポジションを取ることではなく、収益を上げることに費やされるべきですから、相場に入るレベル、出るレベルを待たねばなりません。待つことは、ときにはポジションを取ることよりも労力を要します。

どんなに一本調子に思える上げ相場でも必ず押し目がある、という価格波動を考

【ポジションテイキング】自己の相場観をよりどころにポジションを取るディーリングのことをいう

慮すれば、ポジションはより良いレベルで持ちたいところです。入るレベルを間違えると、結果的には正しくても、それまで持ちこたえられないこともあるのです。上げ相場で買ったのに、たまたまの押し目で損切らされることなど、相場では日常茶飯事です。自分が買おうと思ったときに、目の前の相場がたまたま絶好のレベルである確率は低く、どうしてもより良いレベルを待つことになります。できるだけ押し切ったところを買おうとするのです。

ポジションを持つと、今度は利食いのレベルを待つことになります。つまらない利食いは後顧の憂いを残すので、利食えるときも簡単に利食わないで辛抱します。レンジがあって、何回か往復してくれる相場ならば問題はありません。ポジションを仕込んだはよいが似たようなレベルで動かないでいられるのはつらいものです。

ただしポジションを持って利食いレベルを待つのは、それほどつらいことではありません。相場が逆に動いて、損切りさせられるのが困るくらいで、無駄に時を過ごしているわけではないからです。

忍耐が必要なのはポジションなしで、入るレベルを待っているときです。「機会利益を逃すかもしれない」という恐怖感と戦わなければなりません。

相場もコスト（必要経費）を払って、リターン（利益）を追求するという意味では、ほかのビジネスと変わりありません。相場での一番大きなコストとは、損切りコストです。逆に行けば損切る。これは鉄則です。しかし損切りをいかに儲けるためのコストと割り切ってはいても、連続して負けが込み、コストが積み重なってしまったなら、一度では取り返せなくなってきます。ここでやりがちな悪手が、金額を増やすことです。なんぴん買いもポジションを大きくする意味では同じですが、たとえ評価損はきれいに切って、新しく相場に入り直すとしても、負け続けているときに金額を増やすのは感心できません。一攫千金を狙ってはいけないのです。

負けが込むというのは、相場に乗り切れていない証といえます。にもかかわらず、自分が金額を増やした時点から事態が好転する、と考えるのは全く論理的ではありません。相場に限らず、ある状況が一定期間続いているときには、その状況がもうしばらく続くという前提のもとに、物事をすすめるほうが無難です。

状況の変化に対してはアンテナを高くして、絶えず注意を払うのを怠ってはならないのはもちろんですが、まだ状況に変化の兆しもみえないのに、思い込みによってその方向に走り出すのは賢明ではありません。たとえ先見の明があったとしても、時期尚早ということがあります。

相場でも乗り切れていないときは、つまり負けが込んできたなら、順風が吹いてくるまで殻を固くしてじっと待つ忍耐が必要なのです。

負けてコストがかさみだしたときの対処には、損切り点を早める、もしくは金額を減らすということが挙げられます。もうひとつ、相場に入る回数を減らすというのも可能です。しかし、売り買いのポイントに価格が来ていて、それを見逃すのでは意味がありません。機会利益は常に追い求めていなければならないのです。

私は、相場に入る回数というのは、相場のほうで決めてくれるものと思っています。実は損切り点を早めるのもどうかと思います。損切りの場所は本来、チャートポイントの外側に多少の余裕を持って置くべきで、それをさらに縮めるのは危険なのです。相場には相場の事情がありますから、自分の事情でレベルをいじくるべきではありません。

したがって負けが込んでいるときの対処には、金額を減らすことでコストを下げるしかないのです。コストが半分になれば、生き残れるチャンスが2倍になります。3分の1になれば3倍になります。このように、わきを固く締めて逆風の時を食いつなぎ、機の熟すのを待つのです。

焦らないことです。明日を読むという相場の仕事は、明日を信じることでもあるのです。

第五章　見切りと再起

85 見切りと再起

「本降りになって出ていく雨宿り」

この有名な川柳は、見切りの大切さと難しさを言いえており、味わい深いものがあります。初めは通り雨かと思ったのです。すぐに止むと思ったから雨宿りをしたのです。ところが雨は本降りとなり、止む気配もありません。仕方なく、どしゃぶりのなかに飛び出していくという図でしょう。

相場観は天気予報よりもよくはずれます。先に何が起こるかなど、だれにも分からないのです。分からないから、私たちは損切りオーダーを入れます。

例えば、買って下がったら様子を見て売るのではなく、当初から売りオーダーを入れておくのです。あるいは、損切りオーダーを入れなくても、損切りレベルを決めて忠実に守るのです。これは、にわか雨に備えて、傘を持って出かけるようなものです。相場が下がってもすぐに戻るだろうと考えるのは、通り雨の発想です。もしかすると、通り雨かもしれません。しかし、通り雨でない可能性は、だれにも否定できないのです。そもそも下がらないと思ったから買ったのです。物事が思惑とは逆に展開しているときの様子見は、単に決断を先送りにしているにすぎません。

下がって損切る。通り雨のごとく相場が回復する。「焦って損切るからだ。相場に焦りは禁物だというではないか」このように批判する人もいるでしょう。気にすることはありません。ただの結果論でしかありません。損切ることは、当初からの予定の行動なのです。もしもの場合に備えて、致命傷にならないような損の限度枠を設定し、損切りレベルを決めたのです。

焦っていけないのは、新規に買いや売りに入るレベルです。例えば、50銭やられたら損切るという人が、下値支持線より50銭以上高いところで買うのは焦りです。支持線にあたって反発したのに、支持線の内側で損切ったのでは意味がないのです。

雨宿りではありませんが、何ごとも見切りが大切です。相場での損切りから大きな事業のプロジェクトや戦争に至るまで、見込み違いを素直に認めず、見切り時を逃してしまったのは、敗者の歴史でもあります。極論すれば最初の売り買いの決断など、だれにでもできるのです。思いつきやはずみで、歴史が変わることさえあるかもしれません。肝心なのはどのように終えるかという、出口戦略です。

利食い千人力という言葉もありますが、利食い時、引き時の見切りは難しいのです。要は、潮の流れが変わったときを見極めることが大事です。また、利食いはともかく、損切りは機械的に処理します。損切りに関しての自分の判断力など、信じてはいけません。まず損切ってから考えるのです。評価損は生きていますが、実現損は過去の損なのです。

見切って損してそれで終われば、ただの敗者です。私たちに大切なのは、再起のための努力です。なぜ負けたのかを冷静に分析し、責任の所在を明らかにして再起を図ります。

切るものは切って、相場に入り直すために全精力を傾けるのです。そこからが正念場です。

86 損切りの徹底

損切りが難しいなどといっているうちは、まだ駆け出しです。損は切るもの。アゲインストのポジションは、持ってはならないものなのです。アゲインストのポジションからは、まともなものは何ひとつ生み出せません。必要以上のエネルギーを浪費させ、相場観を狂わせ、機会利益を減少させ、ひいては取り返せないほどの損を抱える危険をはらんでいるのです。

評価損は、実現損よりも性質が悪いのです。実現損は過去の損ですが、評価損は生きています。これからどこまでも成長する可能性を秘めているのです。また、損を切れないことを正当化するための相場観が用意されます。そうでもしないと、自己矛盾に至るからです。

さらに評価損の悪いところは、せっかく大局的な相場観が当たっていても、絶好の売り場、買い場で身動きが取れなくなることです。評価損を抱えての売り買いの余力は知れていますし、なんぴん買い等でポジションがすでにパンパンになっていたなら、お手上げなのです。ただひたすら、元のレベルに戻ることを願うのみになってしまいます。

あえて機会利益について突き詰めると、買いで下がって、評価損を抱えたのです。どこかで損切って売りに転じていたなら、逆に利益が上がっていたはずです。逆転の発想です。具体的には倍返しをします。つまり、評価損を抱えた状態では、機会利益をただ手をこまねいて見ているだけなのです。

また、評価損で恐いのは、ときに損の額が一個人の耐えうる限界を超えてしまうことです。限界点はだれにでもあると思っていてください。いわゆる器量です。

限界点を超えると、どうなるでしょうか。もう、まともな思考力は失われています。今後の身の振り方、家族の顔、上司の顔、相場には関係のないことばかりが頭のなかを駆けめぐります。涙をこらえる気持ちです。一種の墜落感です。私たちはそうなる前に、何か手を打たなければならないのです。

損をこまめに切ることにより、いつも偏らない相場観、冷静な判断力を持ち続けることができ、ここぞという買い場や売り場で、いつも100％の力を残したままでいることが可能になります。損切りを繰り返した断続した損が積み重なっても、

100 で買ったものが 90 まで下げて、95 に反発

ケース①：2 ポイント下げることに同量のナンピン買い
ケース②：100 で買ったまま塩漬け
ケース③：2 ポイントで買い下がる
ただし 0.5 ポイントで損切りをする

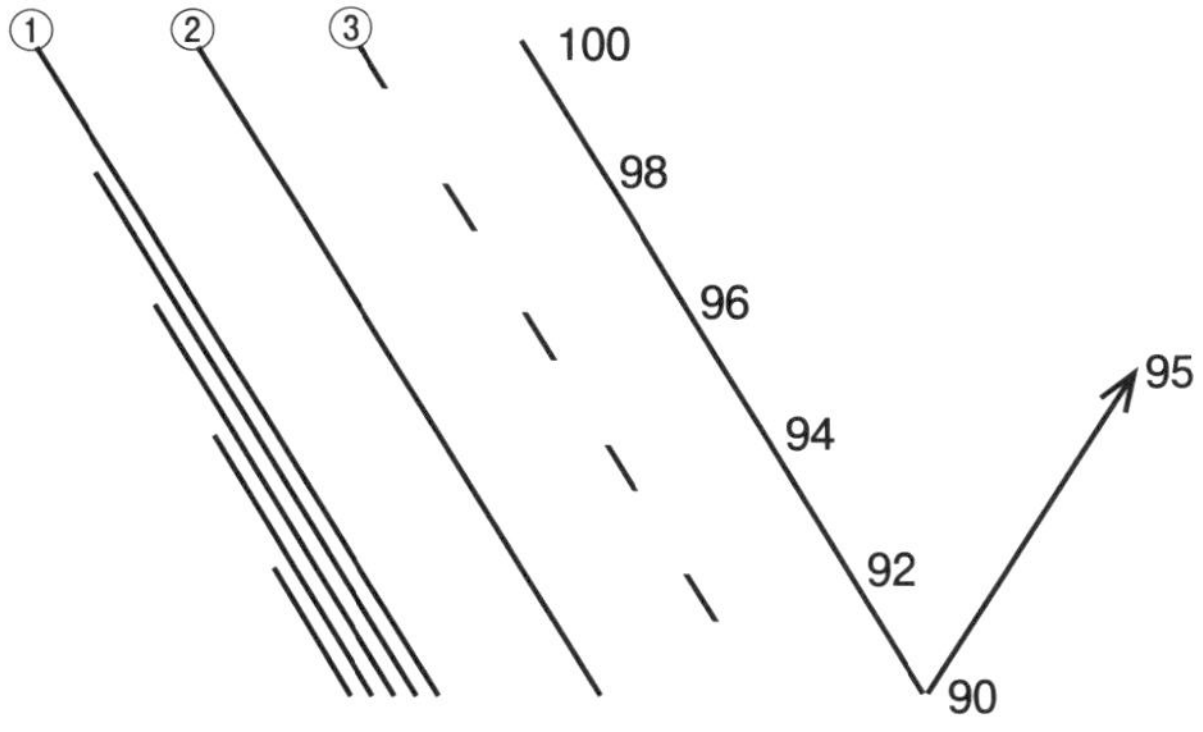

90 の時点での損失額は

ケース①：10 ＋ 8 ＋ 6 ＋ 4 ＋ 2 ＋ 0 ＝ 30
ケース②：10
ケース③：0.5 ＋ 0.5 ＋ 0.5 ＋ 0.5 ＋ 0.5 ＝ 2.5

95 に回復したの時点での損益は

ケース①：0
ケース②：－ 5
ケース③：＋ 2.5

持ち続けた連続した損に比べるとたかがしれているのです。

ディーリングルームなどで、損に耐えて苦しんでいる姿は、傍目には美しいかもしれません。重要な仕事をしているようにも見え、忍耐強く頼もしい人という印象すらあるものです。ところが、実際には大事な決断を先送りにしている思考停止状態にすぎません。

相場は売り買い一対で取引が成立します。考え方によっては、参加者の半数は常に間違えているのです。また、上げ下げの確率は五分と五分、買っても10回のうち5回は下落します。過ちを起こさない人間はいないのです。相場で損が出たり、儲けたりするのは当たり前のことなのです。相場を間違えるのは、恥でも何でもありません。

損はでるもの。そして、損は切るものです。

損切りとは、儲けるためのコストです。損切りを早く、こまめに行ってコストを下げる。切った損はそれ以上には膨らみません。

10回買えば、うち5回は上昇します。勝負はそこでするのです。

87 受け身の理 ―備えあれば憂いなし―

相場の必勝法として「勝ったら止める。そして、二度と手を出さない」という人がいます。

私の周りにも一世を風靡したディーラーが何人もいました。消えていった人の理由はさまざまです。一方通行の相場で大儲けしただけの人は、アイドル歌手のようなもので、もともと虚名だったとしか思えません。規制を利用、逆用していた人や、割安な資金という調達コストに恵まれていたため運用が容易だった人などは、状況が変わるといなくなりました。また、プロスポーツの選手のように、新監督の構想にもれて、力がありながらはじき出された人は数多くいます。法律に触れてしまった人も何人かいます。欲と恐怖とが渦巻く相場の世界で、生き続けるのは難しいといえるのでしょう。

相場の世界には、絶対的な強者や、絶対的な優位に立つ者はいません。相場は時代の流れを反映していますので、強者ともいえる国家ですら、流れには逆らえないのです。相場での力関係はすべてが相対的なものです。そういった世界では、自分だけがすべてを手に入れることはできません。何かを得たければ、何かほかのものを捨てなければならないのです。自分にとって何が重要か、何が欲しいのかを明確にしていなければ、結局は何も得ることができずに終わるでしょう。

スポーツ選手はよく、気力、気迫、気合、入魂、闘魂、根性などという言葉を口にします。あれだけ体格も良く、身体能力に恵まれた人たちでさえ、よりどころとするものが精神力なのです。テニスでも、フルセットでタイブレークが続き、技術や体力に差があるとは思えない場合でも、必ず勝負が着きます。お互いの体力が限界のとき、どこで決着がついたのでしょうか。

おそらく、勝負に対する執念。気力だろうと思います。

トレーディングは本来孤独なものです。自分ひとりの判断に基づいて相場観を組み立て、相場に入り、損益を計上するのです。儲かるか損するか、勝つか負けるかだけの世界ですから単純です。結果がすべてなのです。買って下がったら負け。その責任は自分以外のだれのものでもありません。徹頭徹尾、自己完結の世界なのです。

ディーラーの技術とは、綱渡り師の技術でしょう。難しそうでいて、慣れれば何とかなるものです。慣れていても落ちることがあります。地上100メートルの綱は何億ドルと扱うディーラーと同じで、見た目は派手で人をひきつけますが、技術そのものは地上1メートル、100万ドルで売買しているディーラーと同じです。個人のデイトレーダーも基本的に同じリスクを取っています。むしろ、綱は高いほうがよいともいえます。緊張感が違うし、張り合いがあります。多くのサポートも得られます。

しかし、ディーラーはプロです。必ずしもベストのコンディションは与えられません。風で揺れ、雨で滑る綱の上を、目隠しをし、両手を縛られて渡らねばならないこともあるでしょう。そんなときでも、落ちれば結果はいつも同じ「死」なのです。

もちろん、プロが綱渡りのたびに生命を賭け、失敗するたびに死んでいたのでは、いずれ世の中にプロはいなくなってしまいます。そこで気づかれないように、命綱を結んでおくのです。生き残っているプロは、けっして命綱を忘れていません。私たちの命綱は損切りオーダーです。自信の強弱とは関係がないのです。綱渡りの最中に突風が吹いたらどうするのでしょう。綱が切れたらどうするのでしょう。羽のない人間ならば、命綱をつけることをためらうべきではありません。

【デイトレーダー】大引け後に相場が変動するリスクを避けるため1日の場中で売買を完結するトレーダー

恐いからと逃げたり、引きこもったりしていたなら何も得ずに終わります。やられてもやられても、気を取り直して闘う気魂が必要です。いちかばちかの玉砕戦法でなく、トータルでは確実に勝たねばならない仕事だからこそ、より強い精神力が要るのです。

受け身の理は、消極性を意味しません。受け身が万全でさえあれば、心おきなく攻められるのです。前に出るために、後顧の憂いを断つのです。損切りさえ徹底させておけば、それ以上のやられはないのです。

88 今回だけは特別か　―起死回生を狙うな―

買ったものが値下がり続ける。何か手を打たねばなりません。相場ではだれにも頼れません。自分で判断し対処せねばならないのです。できることは三つしかありません。じっと様子を見るか、買い増すか、売るかです。このときの売りには、一部売るか、全部売るか、倍返しをするかの3通りがありますが、とりあえず売るということでひとつに数えておきましょう。

じっと様子を見ていて、それでどうなるのでしょうか。ここまで下がったなら売る、と損切りオーダーをいれるならば、まだいいでしょう。戻れば売れると考えているのでしょうが、価格が戻らなかったらどうするのでしょうか。これでは、そのうち何とかなるだろうと、結論を先送りにしているだけの思考停止状態と同じです。これを判断と呼ぶのはおこがましいというものです。

買い増す。いわゆる、なんぴん買いです。買って損しているのに、まだ懲りずに買いを考える。意志が強いためでしょうか？　揺るぎなき相場観と呼ぶものなのでしょうか？　確かに、なんぴん買いは簿価下げにつながり、勝つ確率は高まります。何度もなんぴんすれば、多少の戻しでも浮くことができるでしょう。価格は波動を描いて動くのでその意味では理にかなって見え、支持者も多い考え方です。しかし、ルーレットなどで負け続けても、やられた分の倍額を賭け続ければ、1回の勝ちで全額取り戻せると考える博打戦法と同じなのです。なんぴん買いは、じり貧より一発逆転で起死回生を狙うという、昔から日本人のどこかにアピールしてきた玉砕戦法でしょう。また評価損にめげず、前向き（？）に耐えている姿というのも、日本人は好きなのです。

とはいえ、買って損して間違えておきながら、正当化しようとするのは潔くありません。損を認めたくないための、臆病な行為と私には映ります。また、これまで負けていながら何の反省もなく、「今回だけは特別」「今度こそは」が通用するという考えは甘いのです。勝つ確率は確かに高まりますが、ポジションに比例した膨大なリスクに比べて、期待利益があまりにも小さいのです。

評価損をゼロにもっていくまでの仕事は前向きでも何でもなく、単なる後ろ向きの処置です。前向きとは未来につながるものであって、過去の尻拭いではないはずです。そんな人ほど、評価損がゼロになったとたんにポジションを閉じて、ああよかった、いい仕事をした、というものなのです。なんぴんが負けたときは本物の玉砕となります。そこで、損隠しに走る人もいます。

買ったものが値下がりしたということは、自分の判断のあやまちを、相場が教えてくれたのです。人間だれしもあやまちを犯すものです。ましてや相場は未来を読む仕事。当たり続ける人などいるはずがありません。大切なのは、その後の態度です。ここは謙虚にあやまちを認め、一度損切って出直すべきところです。彼のやるべきことは、第三の選択。売りしかありません。

89

自らを針のむしろに追い込んだ人たち

プロ野球の元名捕手であり、名監督の野村克也氏の口癖に「勝ちに不思議な勝ちあり、負けに不思議な負けなし」という言葉があるそうです。別に氏のファンというわけではなく、氏の著作を読んだこともありませんが、この言葉だけで、勝負師として学ぶべきところがあるのです。

相場の世界では、不思議な負けだと思ってしまうのか、謙虚に負けを認めることができずにかえって大きな問題にし、見切り時を誤って消えていった人が多くいます。あとで振り返って見ると、彼らの勝ちのほうが幸運に恵まれていた、いわば不思議な勝ちであり、負けは必然であったことが分かります。そういった大問題の元になった負けについては相場の関係者は多くを語らず、したがって、負けの分析はあまりされません。私もここでは個々の問題に触れませんが、実はどの大問題もほとんど同じところでつまずいています。

最初はつまらない額の損なのです。評価損を実現損とするのが嫌で、なんぴん買いをします。なんぴん買いとは、買って値下がりすればさらに買い増すことです。価格に波動はつきものなので、一方向に突っ走る相場などそれほど多くはなく、無事に切り抜けることができます。何度かそういうことを繰り返すと、相場のコツをつかんだ気になり自信を持ちます。なんぴん買いはトータルコストをどんどん下げてゆくので、少しの反発でも生き返れます。勝率が高まり、周りも一目置くようになります。こうしてなんぴんは癖になってしまうのです。

なんぴんが癖になると、いつの間にかポジションが膨らみ過ぎていて、ときどき恐い思いをするようになります。しかし、そこもさらなるなんぴんで切り抜けます。ここまで来ると破滅は目の前です。彼はなんぴんして我慢しさえすれば、いつか浮かび上がれるものと思い込んでいます。そして決算をまたぐようなことがあると、奥の手を使ってしまうのです。損隠しです。当初は一時しのぎのつもりです。どうせ相場はいずれ戻るのです。彼にとっては、そのときまでの応急処置というわけです。

損の隠し方はさまざまです。デリバティブなどを使って飛ばすことは、相対の取引相手に、一時的に損を持っていてもらうことになります。損をぶっこむためだけに、特別な入れ物（ファンドやペーパーカンパニー）を作ることもあります。利息を前倒しで受け取る商品を購入する、信用リスクを取る、オプションを売るなど、リスクを先送りする形で一時的な利益を捻出し、穴埋めに使う場合もあります。このとき、彼の上司も「こうなれば一蓮托生だ」などと、つまらない腹を決める場合があります。浮かび上がりさえすれば、何もなかったことになると考えます。２人の絆はますます深まり、勝率９割の天才ディーラーと腹のすわった上司、そのように周りの目には映り出します。しかも、自分たち自身もそのとおりだと勘違いすることすらあるのです。

仮にそのときそれらの操作が機能したとしても、一度覚えた悪癖は困ったときには必ず思い出します。保険金詐欺の殺人犯が、捕まるまでに何度か同じ犯罪を繰り返していることが多いように、一度うまい汁を吸った者が再び困窮すると、誘惑には勝てないものなのです。あるいは、一度、二度では収まらずに繰り返してしまった犯人だけが、捕まっているのでしょう。相場でも問題になったような人は、何度も同じ間違いを繰り返しています。損を隠し、飛ばし、さまざまな粉飾操作を行っている間は、針のむしろに座る思いだったはずです。とはいえ、不正が発覚して捕らえられることになっても、まだ運が悪かったとしか思えない人はいるでしょう。

【リスクを先送り】信用リスクを取ることも、オプションを売りプレミアムを手にすることも、先送りしたリスクが大きいほど目先の収入も大きくなる

彼にとっては、勝ち続けてきたのに、たった1回の失敗でやられたとしか思えないのです。彼にとっては、不思議な負けなのです。

飛ばしや損隠しには至らずとも、なんぴんは単なるギャンブルです。「どんなに負け続けていても倍々と掛け金を増やしてゆけば、たった1回の勝ちで取り戻せる」と、ギャンブルで身を持ちくずす人の発想なのです。ギャンブルで破滅した人たちも、資金さえ続けば、だれにも邪魔されなければ勝てたはずだと思うのでしょう。ただし、この手法では、負けはなくとも勝ちもありません。

実は、なんぴんはギャンブルより性質が悪いのです。ギャンブルは閉ざされた空間で行われますが、相場は後ろに実体経済を控えています。例えば、外為市場で石油会社と一対一のさしで向かい合った投機家を想定してみましょう。石油会社の買ったドルは、産油国やメジャーへの支払いです。売り向かい、どんなになんぴんしても、勝てる相手ではありません。

小さなあて逃げのつもりが、轢き逃げ殺人になった例もあります。見つからなければないも同じと、最初の小さな嘘がとんでもない結果を生むのは、案外身近なことなのです。相場での失敗も、最初は取るに足りない額です。損切って、出直しさえしていたなら何ごともなかったでしょう。人にあやまちはつきもの、相場に損は

【飛ばし】取引による損失を隠蔽するため、別の口座や決算期の異なる他の企業に移転させること

つきものです。潔く、負けは負けと認め、再起にかけるべきなのです。人の器量は、負けたときに試されます。

相場のように、一人対市場のような世界では、勝ち負けは時の運。確率的には五分五分でしかありません。私たちは五分の確率でも収益を残せるように、また一分でも勝率を高めるように策を練ります。勝ち続けるのは不思議なのです。負けに不思議な負けなし。負けて、負けを分析して出直しをはかる。その繰り返しで人は強くなるのです。

この項を最初に書いた95年末当時、私は何人かの破滅したディーラーを念頭に置いていました。しかし、そのあと続いて起こった金融機関の不良資産（評価損）隠しも、似たような展開をたどりました。なんぴん買いを追い貸しと言い換えれば、理解できるでしょう。彼らはひたすら過去の尻拭いのためにその精力を使い果たし、自らを針のむしろの上に追い込んでいったのです。

90 なんぴん買いの効用

以下の文は、私が以前に、なんぴん買いについてまとめていたものです。バブル期に書いたため、株式は上がるものという前提がなされています。にもかかわらず、なんぴん買いを否定しています。時代は変わり、株式が必ず上がるものと思っている人は、ほとんどいないでしょうが、将来また同じ間違いを繰り返さないとはいえません。そのときに備えていっておきます。

なんぴん買いは、たとえ右肩上がりの相場でも、してはならないのです。

長期投資をもっぱらとする株式では、依然としてなんぴん買いに対する強い信仰があります。「辛抱できない奴は儲からない」「自分を信じたものが勝つ」「損切りなどもってのほか」などと、当初の売買の動意を大切に守り、いかに我慢強いかが株式投資の秘訣である、と説く人がいます。長期にわたる株式のチャートを見ていると、それらの意見は、歴史的に証明済みのように思えます。

株式が必ず値上がりするもので、ただ値上がりに要する時間だけが問題なのだとすれば、投資家やアナリストが銘柄を吟味するのは、より早く、より効率的に上がる株を探すためということになります。

そうだとすれば、買って値下がりした株をじっと辛抱して持ち続け、時間をかけて値上がりを待つことは、投資として非効率といえないでしょうか。株式が必ず上がるものだとすれば、株式投資にとって重要なのは、買いのタイミングだけということになります。そして購入株の値が下がるのは、そのタイミングを間違えた結果なのですから、投資の失敗を意味するはずです。

買った株が値下がるのは、どこかで何かを間違えたのです。買いの動意となったシナリオに何の間違いも見出せなければ、単に買いのタイミングを間違えたのです。間違いは早めに修正しましょう。さもなければ、今度は売りのタイミングを逃すという間違いを犯します。

何ごとも間違えば素直に非を認めることが肝心でしょう。相場だけが例外で、「間違えても非を認めなければ負けがない」などということではないはずです。いったん損切りして出直すべきなのです。そして手仕舞ったあとに、シナリオをもう一度点検します。

こう書くといかにも悠長に聞こえ、再投資の買いタイミングを逃してしまうのではないか、と思う人がいるかもしれません。しかしいったん手仕舞って、余裕を持って入り直すことが重要なので、何も長い時間をかける必要はありません。場合によっては数分でもよいのです。

相場に焦りは禁物です。そもそも、その焦りが当初のタイミングを見誤らせたのです。また、買いのタイミングを間違えるということ自体が、シナリオを組み立てた時点では予期していなかった事態の出現を暗示していないでしょうか。「あんな売り物は予期していなかった」のなら、そんな売り物を引き出した動意を探らねばなりません。もしかすると、その動意は、ほかの売り物を引き出すかもしれないのです。

いずれにせよ、買った自分のシナリオが、売り手の事情に負けたのです。その事情が深刻ならば、いかに資金を注ぎ込んでも勝てはしません。

相場は売り買いが出合って成立します。考え方によっては、相場の参加者の半数は必ず間違っているといえるかもしれません。自分だけが例外で、常に正しいと思うのは勝手ですが、現実に買ったものが値下がりしているのなら、負け犬の遠吠えに聞こえます。

評価損を持ち続け、益がでるのを待って利食い、何とか相場に勝てた、という人の話はよく聞きます。確かに株式の長期トレンドは、右肩上がりです。また、それを享受した人だけが、自慢話をしているのでしょう。ところが、インフレ率を差し引いたあとの利益がどれほどのものであるかは疑問です。資産の価値を計る目安として、インフレ率は常に重要なのです。数年待っていて、時価が買いコストを上回ったところで自慢してみてもつまらないでしょう。戦後の日本経済は成長の歴史です。そのなかで、評価損から抜け出すためにだけに資金が眠っていたのだとすれば、彼の投資は失敗だったと言わざるを得ません。

株のセールスマン、とくに個人客相手のセールスマンは、なんぴん買いが好きのようです。なぜなら第一に、顧客に損切らせてしまったなら、そのあとの注文を取るのが困難になります。自分が推奨して買ってもらった銘柄を損切らせてしまったなら、損をさせられたという結果だけが残ります。印象が非常に悪いのです。おまけに「他人の金だと思って、セールスマンは気楽なものだ」などと思われてしまったなら、そのお客さんとの縁も損切りとともに切れてしまうのです。

次に、なんぴん買いをすれば当然買いコストが下がり、勝つ確率が格段に高まります。何回かのなんぴん買いにより、買いコストが相当低くなっていれば、わずかな戻しででも評価損から脱出できます。勝率が9割にまで高まれば、10人の顧客のうち9人は勝てるということです。残る1人は、間違いなく破産するのでしょうが、損切らせて顧客全員を失うよりはよいという考え方です。

第三に、お客さんと一緒に長く苦しむという行為が、顧客とセールスマンとの絆を深め、なんぴんが効を奏した暁には祝杯でもということになりがちです。苦しんだあとだけに、責任感の強い頼もしい奴という印象すら残せます。

第四に、これもセールスマンにとって重要なことなのですが、度重なるなんぴん買いによって、顧客の懐具合を正確につかむことができるのです。当初のセールスの勧めに、「有り金全部注ぎ込んで」と口で言う人がいたとしても、実際に注ぎ込む人はまずいません。「ここが我慢のしどころ」と追い詰めに詰められて、初めて虎の子の資金がでてきたり、借金までして資金を集めたりするのです。したがって、当初あの客からは1億円までと思っていたのが、度重なるなんぴん買いにより、数億円の資金力を持っていたと判明することが、ままあるでしょう。これは次回からの営業に役立つ情報なのです。

ここでことわっておきますが、私に個人客セールスの経験はありません。したがってこれらの話は、私自身が会社の資金を、債券や為替で運用する経験から推測しているだけです。結果的に、株のセールスマンを侮辱してしまったなら、申しわけなく思いますが、私は相場のリスクを語ったつもりです。

なんぴんは、評価損からの脱出という消極的な目的のために多大のリスクを取るという、戦術的には拙い手法です。勝率が高まっても、損益の総額では負けてしまうのです。やり直しのきかない相場などありません。いったん損切ってから、次の展開に備えるのです。

91 3勝7敗のディーリング

「私は相場観には自信を持っており、10回ディールをやれば、7〜8回は勝てるのですが、あとの2〜3回の損が大きくてなかなか上手くいきません。相場って難しいものですね」

ディーラー、またはファンドマネジャーと呼ばれている人たちの2人に1人、あるいはそれ以上の人が、このようなことを言います。なぜ、相場観が良いのに儲からないのでしょうか。

それは、やり方がまずいからです。毎回1安打では、9安打しても1点も取れず、たった1本のホームランに負けてしまうのです。

右か左か、上か下かを問題とすれば、確率的には五分と五分、5勝5敗のはずです。7勝3敗、あるいは8勝2敗というのは、相場観が良いからなのでしょうか。3敗の負けの大きさはもちろんですが、7勝の勝ち方には問題はないのでしょうか。もしかすると、次のような内容ではないですか？

①買ってはみたものの相場は下がる一方、しかし、じっと我慢の子で耐え通したら、何とか浮上したので1勝。
②なんぴん買いが効を奏して難を逃れ、これも1勝。
③底と思って買ったら思惑どおり上昇。素早く利食って、文句なく1勝。

相場での勝ち負けは必ずしも五分五分ではありませんが、自分が入っていく相場の上げ下げの確率は、謙虚に五分と思っているのがいいのです。10戦中、常に7勝も8勝もするようだと、かえってどこかに落とし穴はないか、問題点はないかと点検してもらいたいのです。

先の3勝は、いずれも×です。

①、②は戻ったからいいようなものの、戻らなかったらどうなるのでしょう。①の場合、例えば買ってから10％下がったとします。そしてそのレベルからの相場の上げ下げの確率がやはり五分五分だとしたら、非常に不利な賭をしていることになります。②のなんぴん買いは、ディーラーがけっして取ってはならないリスクです。

なんぴん買いは、評価損からの脱出を図ってポジションを膨らませているもので、何とか浮かび上がりたいという、ささやかな期待利益に比べて、リスクが大き過ぎます。損を出さないという消極的な目的のために、かえって大損のリスクを抱えています。①、②のような勝ち方をしていると、損を出すときはどうしても大きなものになってしまいます。③は一見文句なく思えますが、素早く利食ったことが気に掛かります。なぜ、素早くなのでしょうか。相場を張るには損切りというコストがかかっています。利食えるからといってすぐに利食っていたのでは、将来の損をカバーできません。儲けるときに大きく儲けていないと、結局損が出るというくらいの認識が必要です。利食いこそが真剣勝負なのです。

ただ勝率だけを上げたいのなら、実は簡単に9割以上の勝率があげられます。相場は常に上下動を繰り返していますので、逆に行けばじっと持ちこたえる。またはコストダウンを狙ってなんぴんする。そして利が乗れば素早く利食う。価格波動をかんがみれば長期間にわたって一方通行の相場などそれほどないと分かりますから、このやり方で9割の勝率が確保できます。別に相場観がよいわけでも、天分があるわけでもありません。しかし、負けたときの1敗というのは必然的に大きくなり、残りの9勝の利益を食い潰してしまいます。

右か左かは五分五分なのだと前提して、私は3勝7敗のディーリングをめざしていました。なぜ負けのほうが多いのでしょうか。7敗のうち、買って下がったら、すぐ損切っての5敗です。あとの2敗は買って上がったのにもかかわらず、利食いに失敗しての2敗なのです。

利食えるときに利食わないで、結局損を出す。まるでバカのようですが、それほど利食いとは難しいものなのです。バカと言われようが、爪の伸ばし過ぎと言われようが、利食いをできるだけ引き延ばそうとすると、5回のうち2回くらいは失敗するものです。その代わり、残りの3勝が大きいのです。1勝でほかの9敗をカバーすることだって、まれではありません。

勝てるときに大きく勝っておかないと、ネットで結局は損を出すと考える。勝てるときはそれほど多くはないと気を引き締め、貪欲に利益を追求する。小さな評価益を確定せず、より大きな期待利益のためにそれを捧げる。そして逆に行った場合の損切りは徹底するようにする。

これが3勝7敗の意味なのです。

92 利食い千人力　―簡単に利食うな、確実に利食え―

利食いこそが勝負を決めると信じる私にとって、「利食い千人力」という言葉の響きはいかにも安易で、長らく受けつけない言葉でした。

この言葉を嫌うあまり、利食いそのものが遅くなり、何度利食い損ねたことでしょうか。そこで、考えに考えたあげく、右のサブタイトルを付け加えました。とたんにこの言葉が生きてきたのです。

けっして忘れてはならない言葉、「損は切るもの」とともに、相場で最も重要な言葉が「簡単に利食うな、確実に利食え」です。

思えば千人力などという、いかにも簡単に利食わせようとする姿勢が、私は嫌いだったのです。利食いそのものを嫌いなわけがありません。辛抱して大きく育て上げた利益を確定する瞬間は、気持ちのよいものです。そこが相場の転換点であれば、なおのこと快感です。至福の瞬間ともいえます。だからこそ、利食いを安易に取り扱ってはならないのです。真剣勝負なのです。

相場に入るにはコストがかかります。人件費や設備などの諸々の費用はもちろんのこと、ポジションを取って逆に行った場合の損切りコストも頭に入れておかないと、ネットで収益を上げることは困難です。単純に考えると、相場の上げ下げは五分五分の確率、勝ち負けは5割の確率です。勝ち負け半々で収益を残すには、大きく勝って小さく負ける、こと以外にありません。そこで、私たちは利食いと損切りの値幅を2対1、ないしはそれ以上に設けることによってより大きく勝とうと試みます。ところが、その試み自体が負ける確率を高めてしまいます。すなわち、値幅が小さくレベルが近い損切りオーダーのほうが先につく可能性が高まるのです。したがって、勝率5割でも、実は望み過ぎだとも言えるのです。つまり、損少利大のディーリングを行い、少ない勝率でも、確実に残せるようにしなければなりません。

損切りとは、どこまでやられるかが分からないから行うのです。ずるずると引きずっても、結果が良くなるとはいえません。損切りの場所は、通常の価格のぶれを、どれほどと見るかだけで決めるべきです。損切りオーダーは機械的に入れてもよいでしょう。それによって、損の総額は限定されるのです。

反対に利食いを限定してはなりません。損切り幅の2倍で利食うというのは、あくまで最低限の目安です。利食えるからと千人力を発揮していては、コストをカバーして儲けを残すことはできません。利食いは、反転の兆しが見えるまで引っ張る気持ちが必要です。どこまでやられるか分からないから、損切りオーダーを入れるのと同様の発想で、どれだけ儲かるか分からないのに、利益を限定してしまうことはないのです。

とはいえ、忘れてはならないのは、評価益は絵に描いた餅にすぎないことです。確定してこその利益です。せめて一部だけでも確実に利食うことを勧めます。

また、為替や主要国債など流動性の高いものはまだしも、流動性に欠ける商品の評価益と実現益とは、似て非なる物と考えていたほうが無難です。私はそういった商品は、強い営業力が背景にあって初めて扱える商品だと思っています。高いオファーで買わせ、安いビッドで買い取るという強い営業力さえあれば、流動性のないものはむしろ高収益が約束される商品でもあるのです。個人投資家が扱うときは、まだ上がりそうなときに売り逃げるのが賢明です。

93 リスク分散の考え方

（この項は拙著『リスク管理資金運用』（日本実業出版社・2005年）の「あとがき」から引用しています）

05年5月、世界一の自動車会社、ゼネラル・モーターズの社債（GM債）が「ジャンク債」の仲間入りをしました。ジャンク債とは、投機的な（つまり安心して「保有」できない）債券とみなされ、投資不適格とされます。そして、一部のアナリストは「満期まで2～3年の債券ならGM債を保有していても構わないが、それ以上はリスクが大きいので売却も視野に入れろ」と助言しました。すなわち、世界一の自動車会社が4～5年後には破綻しているかもしれないと示唆しているのです。企業が破綻すれば、その株式は紙切れとなります。債券は債務返済の優先順位が高いので、満額とはいえないまでも資金回収できる見込みがあります。しかし、破綻によりもっと大きな損失を被る人たちがいます。その会社の従業員です。

ひとつの会社に勤めているということは、会社と自分とは一蓮托生なのですから、株式投資を嫌おうと嫌うまいと、銘柄的にはその会社に100%投資しているのと変わらないことになります。例えば、大和証券に勤めていれば、その収入はおおむね大和証券の収益に連動します。しかし、会社は必ずしも収益に応じて従業員に還元してくれるとはかぎりません。そこで、会社の収益に、より多くを連動させたければ自社株を買えばいいことになります。実際、株式投資には興味がないという方でも、自社株は保有しているという方が多いでしょう。最近流行りの「上場成金」なども、自社株（あるいは買う権利）を保有していればこそです。

しかし、ひとつの会社と一蓮托生を決め込むことは、良いときには１００％報われますが、悪いときにはすべてを失う恐れがあります。例えば、自社株を大量に保有していたかつての山一証券の社員は、その破綻とともに仕事を失い、収入の道を閉ざされただけでなく、保有株式も無価値となりました。そういった一蓮托生のリスクを分散させるには、例えば（社内ルールで禁じられていなければ）野村證券の株を買えばいいのです。山一証券破綻後も、野村證券が生き残っているのは周知のことでしょう。とはいえ、山一証券が潰れるような環境のとき、いかに最大手といえども、同じ業界の野村證券の株価が果たして大丈夫なのでしょうか。近年の株価の回復とともに、上場来高値を更新する銘柄も出てきているなかで、野村證券の株価は、いまだにピークの４分の１ほどです。

リスクを分散させるには、より関連性のないものを同時に保有するのがいいのです。あなたが大和証券の社員なら、同じ業界の野村證券株よりも、三井住友銀行株がいいでしょう。いえ、同じグループの三井住友銀行よりは三菱東京UFJ銀行のほうがリスク分散になります。いえいえ、同じ金融関連よりもより遠い業界のものがいいのです。つきつめれば、大和証券株が下がるときに、相当の確率で上がる銘柄を持てばリスク分散ができます。それが1社だけでなく、多くの違う動きをする銘柄を組み合わせたほうが、もっと効率的なリスク分散ができます。これが「分散投資」の考え方です。すなわち、株式投資はあなたのリスクを増やすのではなく、分散することにより、リスクを減らすことにもなるのです。

労働組合も強く、最も安定しているように見えたゼネラル・モーターズに勤めている人ですら「リスク分散」が必要な時代です。同社は私がディーラーとして同社の社債を扱っていた20年ほど前には最上級に近い格付けを得ていました。今、日本の企業で最上級をもらっているようなトップ企業に勤めていても、10年後、20年後の保証など、どこにもありません。トップ企業のサラリーマンですらそうなのですから、個人事業主やフリーター、主婦、学生を含め、すべての人は自分が抱えているリスクを分析し、適当に分散しておくのが賢明だといえます。

もっとも、分散投資といいながら、闇雲にいろいろなものに手を出すと、そこらじゅうに心配の種があるようなことにもなりかねないので、くれぐれもリスク管理を忘れてはなりません。

ちなみに、借入金による運用は、リスクを増やします。

94 イメージトレーニング「良いときのビデオ」

スランプにおちいったスポーツ選手が、自分の「良いときのビデオ」を見て調子を取り戻した、という話を聞いたことがあると思います。一種のイメージ・トレーニングで、理想のフォームを回復するのに役立つのでしょう。しかし、そこで必然的にわいてくる疑問に気づかれた人がいるでしょうか？

あるバッターが、自分の「良いときのビデオ」を見て、ふたたびがんがん打ち始めたとします。すると、相手のピッチャーは打ち込まれて、調子を崩すことになるでしょう。そのとき、そのピッチャーはどうするでしょうか？　彼もまた自分の「良いときのビデオ」を見て、理想のフォームを取り戻そうとするのでしょうか？　そうすれば、絶好調のバッターとピッチャーとが対峙することになります。その勝負はおそらく非常に興味深いものとはなりますが、どちらが勝つかは蓋を開けてみないと分かりません。

このとき、調子を回復したバッターに打たれたピッチャーが、自分の「良いときのビデオ」を見るだけではなく、相手の「良いときのビデオ」も見ればどうでしょうか？　相手の「良いときのビデオ」は、すなわち自分が「負けたときのビデオ」です。ピッチャーが自分の勝った要因だけでなく、負けた要因をも分析し、同時に絶好調時のバッターに攻略できるスキを見つけたならば、勝負の確率を大きく自分のほうへ引き寄せることができないでしょうか？　むしろ自分の好調時のフォームが絶対だと信じているバッターは、スランプにあえいでいるバッターより単純で、討ち取りやすい相手かもしれません。なにしろ、同じパターンしか繰り返してこないのですから。もちろん好調時のフォームは、ほとんどの相手に通用するでしょう。そんなときに、相手の欠点を分析したピッチャーだけが、彼を攻略できるのです。「敵を知り己を知れば、百戦危うからず」ではありませんが、相場でも、大事なことはテクニックだけではなく、自分や相手を客観的に分析することなのです。

機関投資家や金融機関に勤めるディーラーやファンドマネジャーがより恵まれているといえるのは、全体像としての投信、保険会社、銀行、証券、個人投資家などの行動パターンを分析しているだけでなく、競争相手や仲間を分析することにより、自分の欠点にも気付かされる点です。また、新しい手法などの刺激に触れる機会も多くあります。情報面や装備についても、まだまだプロのほうがアマチュアより優位にあります。

個人投資家でも、自分ひとりで実力をつけることは可能です。相場関係の本やチャートを片手に、ひとりで行うイメージ・トレーニング、あるいはイメージ・トレーディングは効果があります。このパターンのときはこうする、あのパターンのときはあするると、切磋琢磨して自分の力を高めることが勝負の基本です。実際に資金を運用すれば、なおさら自分自身の力はついてきます。しかし、ブルペン・エースや稽古場横綱という言葉が表しているように、いかに自分の力が卓越していても、相手のある勝負にはもうひとつ勝てないようなこともあるのです。原因は、相手がいると緊張していつもの力が出せないこと、あるいは、自分の力を過信するあまりに単調になっていること、または、相手が自分（のような連中）のことを研究し尽くしているためでしょう。

とはいえ、相場で命を取られることはありません。相手がだれであろうと、自分がやられる分は、損切り幅に置き換えることができるのです。相場でもっとも大切なことはリスク管理です。最悪の場合まで想定しながらも、自分が管理できるリスクに絞り込めたなら、あとはポジションを取るだけです。

95 人に勝つより自分に勝て

あらゆる勝負事は自分との戦いだといえます。スポーツはそれでも、自分に恵まれた体格や体力、運動神経や技量があれば、自分が全力を尽くさずとも勝てる相手というのがいるようです。相撲取りに子供が何人掛かりで立ち向かっているのなどを見ると、強い者は手抜きをしても弱い者には勝てるのだとつくづく思います。将棋や碁なども同様でしょう。格下の相手には、相当のハンディをつけてやっても勝てるのです。

ところが、私たちが向き合う相場という相手は、めっぽう強いのです。なにしろ世界中のわけの分からない連中を相手にしているのです。膨大な外貨余剰を持つ本邦輸出企業。さらに大きな資金力を背景に暴れまわる米国のファンド。ときには当局も相手となります。彼らとて手抜きで相場に勝てるわけではありません。相場はだれにとっても、めっぽう強い相手なのです。基本的には、万人が平等に同じ立場で、相場に向き合っています。それは一瞬の気の弛みも見逃してはくれません。常に真剣勝負で挑んできます。そしてそこでは、自分自身との戦いがより一層重要となるのです。

相場はひたすら自分との戦いです。負ける人間は自分から負けてゆきます。リスクとリターンを生々しい日本語に意訳すると、恐怖と欲になるでしょうか。恐怖心はしばしば私たちを危険から守ってくれますし、欲や意欲がないとなかなか相場には入れないものです。これも適度ならよいのですが、行き過ぎると、どちらも人間から人間らしさを奪うさいたるものとなるでしょう。

相場で欲しい結果を得るためには、多くのものを捨てねばならないといえます。自分をよく知り、自分の狙えるものだけを確実に狙う人が強いのです。

「初心に返れ」とは、よく聞く言葉です。物事に慣れ、経験を積んでしまうと、最初に始めたころの感動や、基本動作を忘れてしまうのはありがちなことです。あなたが最初に相場に向かったとき、何を考えていたでしょうか？　右か左か、つまり、上がるか下がるか、これだけでしょう。これこそが相場の基本であり真髄なのです。ちなみに、なぜ上がることを右に行くと表現するかといいますと、数字は小さなものから大きなものへ、順に左から右へと並んでいるためです。左に行くと数字が小さく安くなります。右に行くと数字が大きく高くなります。念のため。

　右か左かは、武道でいう自然体のようなものです。虚心坦懐に相場に向かった姿。攻撃に移るにも、防御にも最も適した姿だといえるでしょう。輸出入企業や投資家だけでなく、私たちのだれもが相場の上げ下げのリスクから逃げることはできません。逃げようとすると、リスクを見えなくした、まがい物をつかまされることにもなります。

　相場も長くやっていると、おのずからいろいろな知識が身についてくるものです。とくに投資理論を学んだり、デリバティブと称するものに慣れ親しんだりすると、日々の相場の上げ下げを追っかけるのがバカらしく思われてくるかもしれません。投資理論や計算式は、知っているのと知らないのとで、プロとアマチュアとの差が明らかにでるものですから。

　ところが、どんな投資理論も複雑なデリバティブも、知っているだけでは収益を生み出しません。学習のコストすらまかなえないでしょう。そして実際に使ってみると、なかなか魔法の杖などないと悟るのです。つまるところ、すべてが相場の上げ下げに帰すといえます。ポジションを取ることなしにはリターンが得られないのです。

相場の前では見せかけの権威や虚栄は通用しません。相場の前では、慣れない年金の資産配分に心を悩ませている人たちと、市場関係の理論でノーベル経済学賞をとった先生たちとの差は、思っているほど大きくはないのです。

相場に対する知識も技術もある。相場観にも見るべきものがある。勝てて当然と思える人も負けます。彼は人には負けていないのです。彼の内なる敵は、過信、油断、強欲、恐怖心、そして、甘さもまた大きな敵であるといえます。

96 ピンチとチャンスは背中合わせ

私がかつて機関投資家相手に為替や株や債券や、デリバティブといった金融商品をセールスしていたころ、顧客との何らかのトラブルは、逆に顧客と親密になれるチャンスでもありました。金融取引に小さなトラブルはつきものです。言った言わないから始まって、オーダー処理の不手際、商品の説明不足、受け渡しの遅れ、利配金が入らない、約束の商品を渡せないなど、運悪く、同一の顧客相手にいくつものトラブルが重なることすらあります。これはセールスとしてピンチなのですが、トラブルをうまく処理すると、ぐっと自分の株が上がるのです。当の顧客や上司から、信用してもらえるようになるのです。

トラブルには不可抗力的なものも多くあります。にもかかわらず、当たり散らす顧客もいます。腹も立ちますが、ぐっとこらえ、冷静、迅速に処理します。大仰に謝りもしなければ、言い訳もしません。ただ顧客が何を求めているかを聞き出して、できるかぎりのことをするのです。できないことは丁寧に説明して納得してもらいます。トラブルから逃げないこと。この姿勢だけで、トラブルの大半はすでに解決しているといえるでしょう。

ピンチとは、それをどのように処理するかを試されるチャンスともとれます。また、チャンスを与えられたのに、活かすことができないと評価が下がり、一転してピンチを向かえます。つまり、ピンチとチャンスの違いは当事者が考えるほどには大きくないのです。ピンチとチャンスは背中合わせ、そして、そのもの自体が節目といえるのです。節目では、そこでどう動くかで次の節目までの流れが決まるものです。

相場とは面白いもので、価格はただ上下しているだけなのに、持った自分のポジションの状態によってピンチにもチャンスにもなります。価格の上昇はショートの人にはピンチであり、ロングの人にはチャンスなのです。目の前にある価格を売るか買うかで、次の瞬間にはピンチにもなりチャンスにもなるのです。

すなわち、何事も自分次第で、ピンチにもなればチャンスにもなります。とはいえ、ピンチのときは何かがすれ違っています。自分が流れに乗れていないことが多いのです。こんなときに、じり貧より一発逆転と大勝負するのは望み過ぎといえるでしょう。チャンスがくるのを信じて待つ、忍耐が必要です。

　世の中はとんでもないドラマであふれています。世界に紛争の種は、数え上げれば切りがないほどです。自然災害も頻発しています。世の中にはどうにもならない運命と戦っている人たちが大勢います。私たちが相場の上げ下げに一喜一憂するようなレベルではないのです。私たちがピンチだと思っていること、そんなものは取るに足りないことだといえます。損が出て慌てふためく、うまく行かなくて荒れる。損を取り返すために博打を打つ。損を隠す奴もいる。あまりにも世間が狭い。相場に不可欠な想像力の欠如としか思えません。

　ピンチは私たちを試す試金石です。前向きに対処さえしていれば、すべてをチャンスに変えることができるのです。

97 自由契約

このようなご時世ですから、読者の方々のなかにも、ニートであったり、職場で不当な扱いをうけたり、解雇の憂き目にあったり、求職活動の最中でいられる方がいることでしょう。私にもほとんど無収入の時代がありました。

解雇が当り前のプロスポーツの世界では、解雇というような、一方的に雇用者の立場に立ったような言い方はされず、自由契約（フリーエージェント）といいます。私はこの言い方が好きです。解雇という言葉に、どうも処分というニュアンスを感じてしまうのは、私だけでしょうか？　いたずらに貶められて、自らも卑下してしまう響きがあるのです。私はロンドンで為替のポジション・テイカー（ほかの仕事をせず、もっぱら相場での収益だけを追求するトレーダー）をしていたときに、イギリス人の上司から「自由契約」を言い渡されました。

英語の自由、フリー、フリーダムは、その前の束縛状態の存在を暗示しています。

何かから自由になったのです。封建地主や旧大陸、そういった自分が束縛されている状態からの自由です。いわば、ともづなから解き放たれて、大海に漂うようになった状態です。当然、どこを目指すも自由ながら、寄る辺もなく、陸地からポツンと切り離された、心細い状態です。

自由とは、わがまま勝手ということではなく、自己責任の持つ孤独と誇りとを得ることです。自由契約とは、以前の雇用者から解き放たれ、自己責任で将来を切り開く自由を得ることです。

自由契約であることを恥じないでください。自由であることを卑下しないでください。勤め人でいること、自由でないということは、何らかの形で奴隷状態にいることなのですから。そうして見ると、あいつぐ官僚や会社員の不祥事が、何らかの奴隷根性のなせる行為だということが分かります。なかなか責任を認めないのも道理で、彼らは自己の意志では動けないのです。すべての公務員や会社員がそのようだとは言いません。自己の判断を優先し、自己責任を取る人もいるでしょう。しかし、軍人がつねに上部の判断で動き、人殺しもするように、個々の判断の余地がない部分を持つものが組織です。

自由な自分を支えるのは、自分に対する自信以外にはありません。何もないのが自由、だれかを捨て、だれかに捨てられたのが、自由なのですから、頼れるのは自分の力だけなのです。力がないから自由契約になったのではありません。めぐりあわせです。そのときに、思い出してもらいたいのは、大リーグの投手記録に残るような野茂選手ですら、何度か自由契約になったことです。そして、そのたびに復活したことです。何にも自信が持てないという人でも心配はいりません。客観的な評価など、もともと当てにはならないのです。思い込みでいいのです。その主観的な「自信」が実際の力となるのです。

不安定な自由がいいか、安定した奴隷生活がいいかは、個々の価値観の問題でしょう。人間は動物のようにでも、植物のようにでも生きることができます。自由民が卑下することなどありません。自己責任でリスクを取る自由人には、奴隷には見えないものが見えるのですから。

98 My word is my bond

私が学校を出てこの業界に身を投じたとき、最初に上司として巡り会ったPaul Bernandというイギリス人が教えてくれたのが、「My word is my bond」でした。

この言葉のBondとは、証文というような意味です。現在、外為の取引はスクリーン上のオンライン取引が主流となっていますが、かつてのブローカーと銀行の取引は、直通電話を使うことが一般的でした。この電話でのやりとりは録音され、テープに保管されてはいましたが、実際に録音テープを確認することはまずないといってよく、当事者間の信頼関係によって取引が成立しました。また、証券会社と機関投資家との間の、債券の新規発行のときの「出たら何本買う」という、予約のようなソフトオーダーなども、口約束だけでした。

ひとつの取引に何億円、何十億円、ときにはそれ以上のお金が絡んでいるのですが、私たちはお互いを信頼することなしには次の取引に移れないのです。

この世界で一度でも、他人様の資金を扱った取引を行ったなら、その人はプロといえます。彼は自分のポケットマネーで遊んでいるのではありません。自己ポジションとは呼んでも会社の金。会社の金とは、多くの株主、あるいは預金者、保険の契約者などの金です。ファンドマネジャーと呼ばれる人たちは、他人様から運用を委託された大切な金を扱っています。そういった、ある意味では公の資金を預かり、運用を任されている以上、彼は立派なプロです。運用益を上げることで飯を食っているのです。

すべてのディーラーはプロなのですから、プロとしての自覚を持たねばなりません。少なくとも、最低限のルールやマナーは守らねばならないでしょう。最低限のルールとは、お金にクリーンであることです。そして、自分がこの相場というシステムを利用して飯を食っておきながら、相場を卑しめる行為や、辱める行為は慎んでもらいたいのです。

ディーリングの仕事に最も向かない人は、相場観の悪い人ではありません。嘘をつく人です。そしてルールを守れない人なのです。損隠しなどはもってのほかで、犯罪行為をしているという認識がないのでしょうか。これは個人に限らず、法人も同じことがいえます。

私たちの仕事は、お互いの信頼関係の上に成り立っています。流動性の提供も、相互の信頼関係あってこそなのです。自分だけが食えればいいという姿勢では、どこかで限界をみるのです。プロであるかぎり、自己の利益を追求するのはもちろんですが、市場そのものがすさんでしまったなら、結局は自分の首を絞めることになります。市場を何らかの形で利用している、すべての人が苦しむのです。

安全で信頼される市場をつくりあげること。自分たちが働きやすい環境を整えるのも、プロの仕事のうちでしょう。

99 ポジションもってなんぼ ―踊る阿呆に見る阿呆―

いろいろな人が、さまざまな思惑を持って、相場に入ってきます。共通の狙いは儲けることです。有利な取引を行って、収益を上げることです。しかし相場は、だれもがその願いをかなえられる約束の場所ではありません。多くの人は、一敗地にまみれ、相場から離れてゆきます。プロであっても同様に、相場つきの変化についていけなかったり、知力、体力、気力が衰えたりして、相場の世界から去ってゆくのです。相場は戦いの場です。勝ち残りのために、皆がしのぎをけずっているのです。

相場はまた、つねに瞬時の判断を要求される場でもあります。根回しや腹芸が、いっさい通用しない世界です。玉虫色の回答や、善処すると逃げを打つこともできません。即断即決、自分が正しいと思ったなら、実行するしかないのです。徹頭徹尾、人には頼れないのです。

あらゆる事業は、いや人生そのものが、リスクとリターンの表裏一体のバランスのうえに成り立っているといえます。ある局面での判断が正しかったか間違っていたかの答えは、事業では相応の時間が経過してはじめて出ます。巨大プロジェクトともなると、結果がでるまでに10年以上の歳月を要することも珍しくありません。人生ではもっと長くかかります。あのときにこうしてさえいたらと、後になって気づくのです。ところが、相場では結果が瞬時に出ます。厳しくもありますが、その分対処も迅速にできます。間違っていても、取り返しが効くのです。相場での判断は人生の進路や事業より、もっと短期的でよいのです。

リターンのあるところには、必ず相応のリスクがあります。顕在化したリスクに対しては、容易に対策がたてられますが、潜在的なリスクに対しては、どうしても対処が遅れてしまいます。取り返しがつかない場合すらあります。したがって、リターンがあるのに、リスクが見えないときは要注意です。どこかに必ずリスクが隠れていますから、突きとめるようにしてください。目に見えたリスクは、恐さが分かっているのですから、性質が良いのです。恐いものを避けていると、かえって危うい目に遭わされます。

細かなリスクがたくさんあるときは、自分が管理できる大きなリスクをひとつ取るようにします。そうすることによって、他の細かなリスクを取るに足りない存在に矮小化することができ、そのリスクが実現したときに受けるダメージが和らぐのです。もちろん、大きなリスクの管理は徹底する必要があります。

生きていることがリスクです。当然、生きていることのリターンがあります。どんなに他人任せに生きようとしても、喜びや悲しみ、快楽や痛みを感じることができるのは、自分自身だけです。リスクは自分で取りましょう。生活スタイルや得手不得手から、資産運用を他人任せにする場合でも、任せる人を自分の目で選びましょう。そして、リターンを自分のものとするのです。

踊る阿呆に見る阿呆、同じ阿呆なら、踊らにゃ損、損。

100 得意なものと、好きなもの

ディーリングは芸術の領域だとする人がいます。コンピューターを駆使して複雑な計算をし、必要なところにはヘッジを施してリスクを絞り込んでいっても、残った最後のリスクをどのように取るかを判断するのはディーラーであり、そこは経験、勘などが支配する芸術の領域だというのです。では、人が芸術と呼ぶものの裏側には何があるのでしょうか。哲学に裏打ちされた価値観と、長い間の修練によって磨き上げられたしっかりとした技術がありま す。

人の才能には2種類あるといえます。第一の才能は、処女作にはその人のすべてが表れているといわれるような天賦の才。彼はもって生まれたものだけで勝負ができます。第二の才能は、作品ごとに、より完成度の高いものをつくりだしていく「好きこそものの」といわれる才能。つまり、情熱です。この二つの才能両方に恵まれた者だけが、その分野で何らかの仕事を成し遂げるのです。

第一の才能、天賦に恵まれた人は、その才能を生かせるものに巡り合えたなら、早い時期に開花します。しかし、多くの若い才能が完成を待たずして消えてゆくように、また、世の中に一発屋がごろごろいるように、天賦の才は磨かれることなしには、本物の玉にはなれずに終わります。天賦だけがある人は、うらやましいようでもあり、気の毒でもあります。彼は自分がもっている優れたものに情熱が持てないのです。

第二の才能は情熱です。何ものかに情熱を傾ける。苦労を苦労とも思わず、努力を重ねる。これも明らかに才能でしょう。天賦がなくて情熱だけの人、下手の横好き。こちらのほうが天賦だけの人より幸せです。少なくとも自分なりには進歩があります。何よりも、その努力が苦痛とはならないのです。天賦の才がなくとも、だれにも負けないだけの情熱があり努力する才能があれば、プロにはなれるのです。

得意なものと、好きなもの。天賦と情熱とが一致していれば言うことなしです。いずれにせよ、これだけは譲れないというものを持ち、前向きに努力することです。ものごとを悲観的に考えると、後ろ向きの力が抑制として働き、十分に力を発揮できません。

心を開放するのです。勢いのあるときの人は強いものです。楽観こそが、力に前向きの勢いを与えるのです。情熱を持ってしっかりと前を向いていたなら、それだけで失うものはありません。そして、どんなに厳しいと思われる状況下でも、自分を失わずに、だれにも恥じない取引をするために、もっと遊び心を持ってください。極限の状態にいると思われるとき、さらに必要な心の余裕です。スポーツと同じです。肩に力が入っていては、良い結果を生み出せないのです。

個人投資家もプロも、相場を楽しむのです。相場の世界では、ちっぽけな自分でさえ、権威や権力と同じような立場で戦えます。合理性を武器にして、見方が正しければ勝てるのです。

ケセラセラ、なるようになる。先が見通せないから、相場も人生も刺激的なのです。

おわりに　―大底で起きていること―

悲しいことですが、自殺する人があとをたちません。世の中での経験を十分に積んだ中高年から、これからの子供たちまで、せっかくの命を自らの手で断つ人が増えています。

相場に関する本書の終わりで、どうして自殺のことに触れるのでしょう？　自殺する人には、それぞれ固有の事情があるとは思います。しかし、相場もまた人生の縮図のようなものですから、相場を知ることにより、自殺を思いとどまる人が１人でもいてくれればと願っています。

相場では、ピンチとチャンスは紙一重です。自分がピンチに追い詰められ、もう絶体絶命に思えるときに、実はチャンスが始まっています。同じように、人が自殺したくなるほど追い詰められているときは、おそらくそこがどん底で、そこから人生が開けていくのです。その紙一重の生死を分けたものは「気持ち」だけ。気の持ちょうだけだと思います。

相場で何かを最安値で買うことができたなら、そのものを持っているだけで儲けることができます。最安値から、何倍、何十倍になった金融商品はいくらもあります。では、どうして最安値で買うことができたのかというと、最安値で売った人がいるからです。

下げ相場が続くと、どこまでも下げ続けそうな気持ちになってきます。まだ大丈夫だと思っているうちは、売らないのですから安値ではありません。まだ下がるのです。もう駄目だ。耐えられない。ここが我慢の限界だと売ったところが最安値です。つまり、そこから相場は上がるのです。だから相場では、下げ始めたならいち早く売り払って、安値で買える態勢にしておきます。あるいは空売りなどで、下げ相場を取りにいくこともできます。

最安値で売った人は、それまでその商品を持っていた人です。その人は、そこで持ち切れなくなって売ったのです。その人からそれを買った人は、それまでそれを持っていません。つまり、最安値でその商品の持ち主が変わり、売り手はそこから上がり続ける商品をなくし、買い手はその宝物を手にしました。最安値で、売り手と買い手との運命が分かれたのです。

売り手と買い手とを分けたものは、リスクを避ける気持ちと、リスクを取る気持ちです。下げ続けるだろうと悲観的な人が損をし、上がるかもしれないと楽観的な人が得をしました。

あまりに長く続く人生の底値圏に耐えきれなくなった人、少しの下げに動揺してしまった人、ボックス圏の踊り場に見通しをなくし、やる気がなくなってしまった人、どんな場合にでも自殺してしまったなら、そこが最安値です。まさにそこから相場は上がっていたのです。

このように、相場は人生の縮図だという見方ができるなら、人生にも波動があり、チャート化して捉えることもできます。上げ相場の人は有頂天になっていますが、それもしばらく続くと天井を打ち、そのうち下げ相場に入ります。一方、下げ相場が続いていると、自分の人生に悲観もしたくなりますが、下げ相場はいつか終わり、そこからは上げに転じます。底値が長く続いている人は、もう下値は限られているので、時期が来れば上げるだけなのです。ただし、上げ相場をものにするには買わねばなりません。前向きにリスクを取らねばならないのです。

また、商品によって波動が違い、高値安値のピークが違うように、人の人生チャートでも、波動や高安は、人それぞれです。だから、自分より先行している人を羨む必要はなく、自分より遅行している人を侮るのは間違いです。自分のピークは先行者のピークよりも高く、遅行者のピークよりも低いことは珍しくありません。あなたがなすべきことは、自分の波動を知るようにつとめ、状況を見極め、ここぞというところでリスクを取ることです。そうしなくても高値安値はきますが、リスク管理をしてメリハリをつけると、安値は限定され、高値が上に伸びるようになります。

人生は見切ってしまったらおしまいです。下げ相場が続き、底値圏にいる間は、じっと上げ相場を待つのです。どんなに長くても、下げた相場は必ず上がります。相場の大底で起きていることは、幸運の所有者の変更です。あきらめた人から、前向きな人に、幸運が移っていくのです。

あきらめないでください。

ま

も

や

ら

り

れ

ろ

わ

に

ね

は

ひ

ふ

へ

ほ

す

せ

そ

た

ち

て

と

な

脚注索引

※本文下欄の脚注で解説をした用語の索引です。

A～Z

あ

い

う

え

お

【著者紹介】

矢口 新（やぐち・あらた）

和歌山県新宮高校出身。早稲田大学中退、豪州メルボルン大学卒業。野村證券（東京、ニューヨーク、ロンドン）、ソロモン、ＵＢＳなどで為替、債券のディーラー、機関投資家セールスとして活躍。 著書『実践・生き残りのディーリング』は、現役ディーラーの“座右の書”として、高い評価を得ている。株式会社ディーラーズ・ウェブ（金融商品取引業 関東財務局長〈金商〉第872号）代表取締役社長。著書は他に『５段階で評価するテクニカル指標の成績表』『トレードセンス養成ドリル』『なぜ株価は値上がるのか』（以上パンローリング）など多数。

【ホームページ】http://dealersweb.ken-shin.net/
【生き残りディーリング塾】http://s-dealing.com/

2007年 5 月 4 日 初版第１刷発行
2008年 2 月 3 日 第２刷発行
2010年 1 月 1 日 第３刷発行
2010年 7 月 1 日 第４刷発行
2011年 2 月 2 日 第５刷発行
2013年 8 月 1 日 第６刷発行
2015年 3 月 1 日 第７刷発行
2015年 8 月 2 日 第８刷発行
2017年 4 月 1 日 第９刷発行
2018年 7 月 1 日 第10刷発行
2020年 2 月 1 日 第11刷発行
2020年 12 月 1 日 第12刷発行

現代の錬金術師シリーズ ㊸

実践《じっせん》 生《い》き残《のこ》りのディーリング
――変わりゆく市場に適応するための100のアプローチ

著 者 矢口 新
発行者 後藤 康徳
発行所 パンローリング株式会社
〒 160-0023 東京都新宿区西新宿 7-9-18-6F
TEL 03-5386-7391 FAX 03-5386-7393
http://www.panrolling.com/
E-mail info@panrolling.com
装 丁 竹内 吾郎
印刷･製本 株式会社シナノ

ISBN978-4-7759-9049-0

【免責事項】
本書で紹介している方法や技術、指標が利益を生む、あるいは損失につながることはないと仮定してはなりません。過去の結果は必ずしも将来の結果を示すものではなく本書の実例は教育的な目的のみで用いられるものです。

著者書籍

5段階で評価する テクニカル指標の成績表

定価 本体1,800円+税　ISBN:9784775990926

相場のタイミングを知るにはテクニカル指標が必要だ。それも、“使える”テクニカル指標が必要なのだ。

本書は、世のさまざまなテクニカル指標について、資金運用の現場から見て“使える度”を5段階評価で表したもの。捨てるべきテクニカルと、利用すべきがテクニカルが一目瞭然となっている。さらに、著者が考案した相場で生き残るためのテクニカル指標〔エス・チャート(S-Chart：サバイバルチャート)〕も本邦初公開。

なぜ株価は値上がるのか?

定価 本体2,800円+税　ISBN:9784775990315

マーケットの真の力学を解き明かし、具体的な「生き残りの銘柄スクリーニング術」を指南する投資家・トレーダーのための「実用的」な株の教科書

『生き残りのディーリング』の著者であり、日本株の歴史的底入れ到来を的中させた矢口新の名著『値上がる株に投資しろ！』を増補改訂!!マーケットの真の力学を解き明かし、具体的な「生き残りの銘柄スクリーニング術」を指南する投資家・トレーダーのための「実用的」な株の教科書。ファンダメンタルズにもテクニカルにも、短期売買にも長期投資にも、リスク管理にも資金管理にも、強力な論理的裏付けを提供。

矢口新のドリルシリーズ

矢口新の相場力アップドリル 為替編・株式編

為替編 ISBN:9784775990124　定価 本体 1,500円+税
株式編 ISBN:9784775990131　定価 本体 1,800円+税

矢口新のトレードセンス養成ドリル Lesson1 / Lesson2

Lesson1 ISBN:9784775990643　定価 本体 1,500円+税
Lesson2 ISBN:9784775990780　定価 本体 1,500円+税

著者書籍

矢口新の短期トレード教室

転換点を見極め、利益を残す方法を学ぶ

定価 本体1,800円+税　ISBN:9784775991541

本書の最終目的は、テクニカル指標はいっさい排除した、「素のチャート」で転換点を見極め、トレードしていくことである！

短期トレードは難しくない

投資運用における大きな誤解のひとつは、中長期投資のほうが、短期トレードよりも、リスクが小さいと思われていることです。ただし、中長期投資は保有期間中に起こりうる投資環境の変化に弱いです。逆に、短期トレードはノウハウと経験、技術だけでほぼ完結します。また、結果がすぐに分かる短期トレードは、想定外のことが起きても迅速に対処できるために、傷口が広がりません。損失が出ても少なく、取り返すのも容易なのです。そもそも、想定外のことが起きる可能性も、中長期投資に比べて格段に低いのです。

相場が恐いという人は、あまり相場を知らない人です。知っている人は、難しいと言います。難しいものは、努力することで対処できます。リスクを目の前で起きていることだけに限定すると、リスク管理が容易になります。

本書の最終目的は、テクニカル指標を排除したトレードである

本書の最大の売りは、最終目標を「テクニカルを排除したトレード」に置いているところです。テクニカル指標を参考にしたトレード手法は数多くありますが、「テクニカル指標を使わずに転換点を見極めトレードしていこう」という点は斬新です 具体的には、「素のチャート」にて、4つの値動き（高値&安値切り上げ、高値&安値切り下げ、抱き線、はらみ線。前半の2つは転換点、後半の2つは様子見）で建玉操作していく方法を学びます。

CONTENTS

◆ 序 章　短期トレードは頭のスポーツ
◆ 第1章　どのようにして収益を上げるのか？
◆ 第2章　転換点（山超え&谷超え）の見極めに使える「道具」は何か
◆ 第3章　転換点の見極めに役立つテクニカル
◆ 第4章　出口戦略について
◆ 第5章　素のチャートで転換点を探ることが最も効率の良いやり方
◆ 第6章　まとめ（自分に合ったリスク管理）

ウィザードブックシリーズ 257

マーケットのテクニカル分析
トレード手法と売買指標の完全総合ガイド

ジョン・J・マーフィー【著】

定価 本体5,800円+税　ISBN:9784775972267

世界的権威が著したテクニカル分析の決定版！

1980年代後半に世に出された『テクニカル・アナリシス・オブ・ザ・フューチャーズ・マーケット（Technical Analysis of the Futures Markets）』は大反響を呼んだ。そして、先物市場のテクニカル分析の考え方とその応用を記した前著は瞬く間に古典となり、今日ではテクニカル分析の「バイブル」とみなされている。そのベストセラーの古典的名著の内容を全面改定し、増補・更新したのが本書である。本書は各要点を分かりやすくするために400もの生きたチャートを付け、解説をより明快にしている。本書を読むことで、チャートの基本的な初級から上級までの応用から最新のコンピューター技術と分析システムの最前線までを一気に知ることができるだろう。

ウィザードブックシリーズ 261

マーケットのテクニカル分析 練習帳

ジョン・J・マーフィー【著】

定価 本体2,800円+税　ISBN:9784775972298

テクニカル分析の定番『マーケットのテクニカル分析』を完全征服！

『マーケットのテクニカル分析』の知見を実践の場で生かすための必携問題集！ 本書の目的は、テクニカル分析に関連した膨大な内容に精通しているのか、あるいはどの程度理解しているのかをテストし、それによってテクニカル分析の知識を確かなものにすることである。本書は、読みやすく、段階的にレベルアップするように作られているため、問題を解くことによって、読者のテクニカル分析への理解度の高低が明確になる。そうすることによって、マーフィーが『マーケットのテクニカル分析』で明らかにした多くの情報・知識・成果を実際のマーケットで適用できるようになり、テクニカル分析の神髄と奥義を読者の血と肉にすることができるだろう！

ジャック・D・シュワッガー

現在、マサチューセッツ州にあるマーケット・ウィザーズ・ファンドとＬＬＣの代表を務める。著書にはベストセラーとなった『マーケットの魔術師』『新マーケットの魔術師』『マーケットの魔術師［株式編］』（パンローリング）がある。
また、セミナーでの講演も精力的にこなしている。

ウィザードブックシリーズ 19

マーケットの魔術師
米トップトレーダーが語る成功の秘訣

定価 本体2,800円+税　ISBN:9784939103407

トレード界の「ドリームチーム」が勢ぞろい

世界中から絶賛されたあの名著が新装版で復刻！
投資を極めたウィザードたちの珠玉のインタビュー集！
今や伝説となった、リチャード・デニス、トム・ボールドウィン、マイケル・マーカス、ブルース・コフナー、ウィリアム・オニール、ポール・チューダー・ジョーンズ、エド・スィコータ、ジム・ロジャーズ、マーティン・シュワルツなど。

ウィザードブックシリーズ 13

新マーケットの魔術師

定価 本体2,800円+税　ISBN:9784939103346

知られざる"ソロス級トレーダー"たちが、率直に公開する成功へのノウハウとその秘訣。高実績を残した者だけが持つ圧倒的な説得力と初級者から上級者までが必要とするヒントの宝

ウィザードブックシリーズ 14

マーケットの魔術師 株式編 増補版

定価 本体2,800円+税　ISBN:9784775970232

今でも本当のウィザードはだれだったのか？
だれもが知りたかった「その後のウィザードたちのホントはどうなの？」に、すべて答えた！

ウィザードブックシリーズ 201

続マーケットの魔術師

定価 本体2,800円+税　ISBN:9784775971680

『マーケットの魔術師』シリーズ　10年ぶりの第4弾！先端トレーディング技術と箴言が満載。「驚異の一貫性を誇る」これから伝説になる人、伝説になっている人のインタビュー集。

ウィザードブックシリーズ 66

シュワッガーのテクニカル分析

定価 本体2,900円+税　ISBN:9784775970270

シュワッガーが、これから投資を始める人や投資手法を立て直したい人のために書き下ろした実践チャート入門。

ウィザードブックシリーズ 208

シュワッガーのマーケット教室

定価 本体2,800円+税　ISBN:9784775971758

本書はあらゆるレベルの投資家やトレーダーにとって、現実の市場で欠かせない知恵や投資手法の貴重な情報源となるであろう。

バン・K・タープ博士

コンサルタントやトレーディングコーチとして国際的に知られ、バン・タープ・インスティチュートの創始者兼社長でもある。これまでトレーディングや投資関連の数々のベストセラーを世に送り出してきた。講演者としても引っ張りだこで、トレーディング会社や個人を対象にしたワークショップを世界中で開催している。またフォーブス、バロンズ、マーケットウイーク、インベスターズ・ビジネス・デイリーなどに多くの記事を寄稿している。

ウィザードブックシリーズ 134

新版 魔術師たちの心理学
トレードで生計を立てる秘訣と心構え

定価 本体2,800円+税　ISBN:9784775971000

秘密を公開しすぎた

ロングセラーの大幅改訂版が（全面新訳!!）新登場。

儲かる手法（聖杯）はあなたの中にあった!!あなただけの戦術・戦略の編み出し方がわかるプロの教科書!「勝つための考え方」「期待値でトレードする方法」「ポジションサイジング」の奥義が明らかになる!本物のプロを目指す人への必読書!

ウィザードブックシリーズ 160

タープ博士のトレード学校
ポジションサイジング入門

定価 本体2,800円+税　ISBN:9784775971277

普通のトレーダーがスーパートレーダーになるための自己改造計画

『新版 魔術師たちの心理学』入門編。

「自己分析」→「自分だけの戦略」→「最適サイズでトレード」

タープが投げかけるさまざまな質問に答えることで、トレーダーになることについて、トレーダーであることについて、トレーダーとして成功することについて、あなたには真剣に考える機会が与えられるだろう。

関連書籍

ウィザードブックシリーズ 118

FXトレーディング

著者:キャシー・リーエン

定価 本体3,800円+税　ISBN:9784775970843

FX市場を征服するには……

世界一のオンライン外為ブローカーのチーフストラテジストであるキャシー・リーエンが著した本書は、FX市場で利益を得るための多様なテクニカル戦略とファンダメンタル戦略を披露し、同市場の仕組みを詳細かつ具体的に解き明かしている。深遠な考察とエキスパートによるアドバイスが満載されている本書は、この激烈な市場に自信をもって入り、利益を持って出てくるためにはどうしたらよいかを教えてくれる!

ウィザードブックシリーズ123

実践FXトレーディング

著者:イゴール・トシュチャコフ

定価 本体3,800円+税　ISBN:9784775970898

ソロス以来の驚異的なFXサクセスストーリーを築き上げた手法と発想!

FXトレードを長くやっていれば、100%勝ち続けることなどあり得ないことは、だれでも思い知らされることだ。トレーダーにできることは、繰り返し現れる信頼性の高いパターンを見極め、不確実ではあっても勝率を高めるトレードシステムを構築することだ。本書は当てにならない予測法に取って代わる具体的なチャートパターンを明らかにしている。

ウィザードブックシリーズ 148

FXの小鬼たち

著者:キャシー・リーエン/ボリス・シュロスバーグ

定価 本体2,800円+税　ISBN:9784775971154

普通のホームトレーダーでもここまでできる!!
マーケットで成功するための洞察と実践的なアドバイスが満載!
プロたちを打ち負かす方法が今、明らかに!

ウィザードブックシリーズ 186

ザFX

著者:キャシー・リーエン

定価 本体2,800円+税　ISBN:9784775971536

これから FX トレードを目指す初心者と FX トレードで虎視眈々と再挑戦を狙っている人のためのバイブル。世界最大のマーケットである通貨市場で効率的にトレーディングと投資をする方法を説明。

ウィザードブックシリーズ 228

FX 5分足スキャルピング

プライスアクションの基本と原則

定価 本体5,800円+税　ISBN:9784775971956

132日間連続で1日を3分割した5分足チャート【詳細解説付き】

本書は、トレーダーを目指す人だけでなく、「裸のチャート（値動きのみのチャート）のトレード」をよりよく理解したいプロのトレーダーにもぜひ読んでほしい。ボルマンは、何百ものチャートを詳しく解説するなかで、マーケットの動きの大部分は、ほんのいくつかのプライスアクションの原則で説明でき、その本質をトレードに生かすために必要なのは熟練ではなく、常識だと身をもって証明している。

ウィザードブックシリーズ 200

FXスキャルピング

ティックチャートを駆使したプライスアクショントレード入門

定価 本体3,800円+税　ISBN:9784775971673

無限の可能性に満ちたティックチャートの世界！ FXの神髄であるスキャルパー入門！

日中のトレード戦略を詳細につづった本書は、多くの70ティックチャートとともに読者を魅力あふれるスキャルピングの世界に導いてくれる。そして、あらゆる手法を駆使して、世界最大の戦場であるFX市場で戦っていくために必要な洞察をスキャルパーたちに与えてくれる。

ウィザードブックシリーズ 225

遅咲きトレーダーのスキャルピング日記

1年間で100万ドル儲けた喜怒哀楽の軌跡

定価 本体3,800円+税　ISBN:9784775971925

トレード時の興奮・歓喜・落胆・逆上・仰天・失望・貪欲の心理状態をチャートで再現

関 連 書 籍

ウィザードブックシリーズ 245

新装版 私は株で200万ドル儲けた

ブレイクアウト売買法の元祖「ボックス理論」の生い立ち

定価 本体1,500円+税　ISBN:9784775972144

多くの熱い読者からの要望で新装版で復刊！

今なお読み継がれ、今なお新しい株式投資の名著。業界が震撼したボックス理論！ 個人投資家のダンサーがわずかな資金をもとに株式売買で200万ドルの資産を築いた「ボックス投資法」。本書は、株式市場の歴史に残る最も異例で、輝かしい成功物語のひとつである。ダーバスは、株式市場の専門家ではなく、世界中を公演して回るような、ショービジネス界の世界では最も高いギャラを取るダンサーだった。しかし、株式売買の世界に足を踏み入れ、世界中から電報や郵便などの通信手段を駆使して、百万長者の数倍もの資産を築いた。

ウィザードブックシリーズ 246

リバモアの株式投資術

定価 本体1,500円+税　ISBN:9784775972151

リバモア自身が書いた唯一の相場書
順張りの極意が待望の復刊

20世紀初頭、トレードの世界で大勝利と破産を繰り返した相場師ジェシー・リバモア。リバモアは、厳しく徹底したルールを自らに課し、外からの情報には一切流されず、自身の分析のみで相場に挑む孤高の相場師であった。何年もかかって独力で作り上げた投機のルールとそれを守る規律だけでなく、破産に至った要因、その分析と復活を成し遂げた軌跡は、その後の多くの投資家・トレーダーたちに大きな影響を与えた。リバモアを知りたければ、まずは本書を手に取るべきだろう。

ウィザードブックシリーズ 10

賢明なる投資家

定価 本体3,800円+税　ISBN:9784939103292

市場低迷の時期こそ、威力を発揮する「バリュー投資のバイブル」

ウォーレン・バフェットが師と仰ぎ、尊敬したベンジャミン・グレアムが残した「バリュー投資」の最高傑作！ 株式と債券の配分方法、だれも気づいていない将来伸びる「魅力のない二流企業株」や「割安株」の見つけ方を伝授する。